시인광장 시인선 2

도시 속의 마네킹들

우원호 시집

시인광장 시인선 ②
도시 속의 마네킹들

초판 1쇄 발행 2015년 5월 26일
재판 2쇄 발행 2018년 6월 20일
재판 3쇄 발행 2020년 7월 15일
재판 4쇄 발행 2021년 8월 15일
재판 5쇄 발행 2023년 4월 30일
재판 6쇄 발행 2024년 5월 31일
재판 7쇄 발행 2025년 6월 20일

지 은 이 우원호
펴 낸 이 우원호
펴 낸 곳 도서출판 시인광장
인   쇄 신원기획

등록번호 307-2013-17
주   소 세종특별자치시 보듬2로 43, 1506동 1801호
전   화 044-866-5326
팩   스 044-866-5326
전자우편 seeinkwangjang@hanmail.net
홈페이지 www.seeinkwangjang.com

ISBN 979-11-950371-4-8 03810

값 10,000원

• 잘못 만들어진 책은 바꾸어 드립니다.
• 지은이와의 협의에 의해 인지는 생략합니다.

도시 속의 마네킹들

우원호 시집

2015

自序

　시집 『도시 속의 마네킹들』 속에 수록되어 있는 시편들은 인간들의 삶과 자연과 우주에 대한 깊은 성찰과 삶의 본질을 통찰하고 현재 동족간의 전쟁으로 남과 북이 분단되어 있는 현실에서 전쟁의 참혹상과 자유의 소중함을 상기시키고 저자는 심연과 침묵 속에서 세상을 관조하며 우리들이 공감하는 보편적 우주를 창조해내고 있습니다.

　저자가 보는 이 세상은 미완의 천국, Paradise이며 또한 극락입니다.
　낙원을 만드는 것은 결국 저자와 독자들, 자연과 문명, 그리고 모든 이분법적 대립구조 사이의 화해와 조화일 것입니다.

　시를 읽는 우리들은 모두가 꿈꾸는 방랑자들입니다.
　시를 읽으면서 시집 속의 인간들이 꿈꾸는 Paradise와 자연과 우주의 세계로 지금 바로 여행을 떠납시다.

2015년 5월

우 원 호
禹 原 澔
Woo, wonho

차 례

1부

황사(黃砂)	• 13
빅 매치(Big Match)	• 17
테이(Tay)의 경고	• 19
말할 수 없는 것에 대하여는 침묵하여야 한다	• 21
거울	• 26
나의 뇌腦	• 28
꿈	• 32
존 키츠(John Keats)의 遺言	• 35
君子三樂	• 37

2부

하루살이	• 41
土偶	• 43
Kiss 1 - Kiss는 사랑하는 사람끼리 주고받는 가장 달콤하고 황홀한 선물!	• 47
Kiss 2 - 에로스와 카오스 부부夫婦의 애정 어린 사랑과 키스	• 49

Kiss 3 - 프렌치 키스	• 54
Kiss 4 - 인사이드 키스	• 58
Kiss 5 - Ecstasy Kiss	• 61
Kiss 6 - 브랑쿠시의 連作 〈키스〉 저기를 보세요!	• 65
Kiss 7 - 버드 키스(Bird Kiss)	• 67
Kiss 8 - 크로스 키스(Cross Kiss)	• 72
Kiss 9 - 햄버거 키스(Hamburger Kiss)	• 75
Kiss 10 - Kiss의 사랑학 개론	• 80
Kiss 11 - 사이보그(Cyborg)들의 과거와 현재 그리고 미래	• 85
Kiss 12 - 사랑의 전주곡	• 88
페르시안 고양이와 백만 송이 연꽃	• 92
젊은 戀人들을 위한 生의 찬가	• 99
靑春	• 100
너와 내가 존재하는 것은	• 101
천재	• 102
지하철 4호선 혜화역의 아침	• 104

3부

新興寺의 雪景	• 109
直指寺	• 111

緣起	• 114
흐돌	• 116
산은 산이요 물은 물이로다	• 118
이름도 몰라요 성도 몰라	• 121
울릉도의 겨울 바다	• 123
달	• 125

4부

革命	• 129
매와 포수	• 131
이라크 전쟁, 죽은 자는 말이 없다 1	• 135
이라크 전쟁, 죽은 자는 말이 없다 2	• 138
原罪	• 141
雪國	• 144
K교수의 죽음	• 148
현대인의 아이러니	• 154

5부

앉은부채	• 159

섬진강에 연어들이 돌아왔다	• 161
구름들	• 163
Don't worry, be happy!	• 166
9월의 소나타	• 168
옛살래비 長位洞의 연못	• 171
산소酸素의 고마움에 대하여	• 173

6부

2015년 지구 생태계에 대한 나의 견해	• 177
國民들이 부르는 탄식의 노래	• 183

■ **해설** - 시와 인생의 심연 혹은 시간이라는
폭풍의 심연   - 김백겸   • 188

■ **해설** - 온통 키스, 키스! 그러나, 본질은 진심으로
서로 사랑하라는 시詩의 아름답고 푸른 메시지
                        - 김왕노   • 212

1부

황사(黃砂)

1
때는 바야흐로
삼천리 금수강산 방방곡곡 능선마다 연분홍빛 진달래꽃들이 무리지어 화사하고 아름답게 만개滿開한
4월 중순中旬

아직 여명黎明이 트지 않은 이른 새벽, 사람들이 모두 깊은 잠에 빠져있는 칠흙처럼 어두운
그 야음을 틈타

내몽고內蒙古의 아라산(阿拉善) 사막을 발진한 황사바람 비행군단飛行軍團-한반도의 최북단인 백두산을 시작으로 압록강과 두만강, 평양의 대동강과 서울의 한강의 상공을 거쳐
그 옛날에 고려국高麗國을 침략했던 몽고군의 기세로 최남단인 제주도의 마라도까지 순식간에 포위했다

사람들은 그 장대함에 놀라 다들 바짝 긴장했고, 그들에게 점령당한 도시들은 시나브로 점차 유령의 도시로 변해갔다

2
그 옛날 중국의 원나라 시절에
징기스칸[Genghis Khan, 成吉思汗]의 몽고군이 이 땅에서 저질렀던 것처럼,

삶의 터전들을 무참히도 유린하는
침공군의 오만함에

사람들은 모두 혀를 내둘렀다
아울러 사람들은 꼭꼭 숨어 외출마저 삼가했다

황사군의 침공 소식은 연일 신문들과 각 방송사의 라디오와 텔레비젼 뉴스를 통해 연일 보도됐고
전세계로 긴급 타전됐다
대륙군의 침공은 왜 해마다 계속되는 것인가? 대륙군의 침공을 왜 속수무책 당해야만 하는 것인가?
보도되는 뉴스를 지켜보던

고려국의 후예들은 하나 같이
모두 분노했다

3
노도怒濤처럼, 거침없이 남하를 계속하던 그들의 대이동은
연합군측 기단氣團의 총공세로, 지지멸렬 와해되기

시작하여
  마침내, 황사바람 대군단의 유해들은
  일시에 토우土雨로 변하더니
  붉은 피를 흘리면서
  비로 내려 떨어졌다
  그들은 최후를 맞이하는 순간까지
  전국토를 온통 핏빛으로 물들였다

4
사나흘간 끔찍했던 시간들이 그리 지나가고
다시 따사로운 빨간 태양이 대지 위를 환히 비치면서

가리웠던 형체들도
서서히 본모습을 드러냈다

  九死一生 살아남은
  침공군의 잔당들은

더 이상의 진군을 포기하고
백기 들고 항복했다

  거리마다에는 플라타너스와 은행나무 등의 가로수들과
  오고가는 행인들도

일제히 연합군의 승리를
두 팔 벌려 환영했다

5
전국에 발령된 공습경보 해제와 더불어
모든 상황이 종료되자

공습으로 인한 숱한 재앙과 상처들을 저마다의 가슴속에 깊이 묻은 채로 사람들은 정상적인 일상으로 돌아갔다

다다* 그 악몽 같던 나날들을 하루라도 빨리 잊기 위해 어떤 사람들은 내일의 일상으로 미리 돌아갔다

해마다 봄이 되면 한반도를 어김없이 유린하는 황사군단(黃砂軍團)—,
그들은 정녕 1,000년전의 그토록 잔인했던 몽고군의 망령亡靈인가?

* 다다: 가능하면 되도록

빅 매치(Big Match)
- 로봇들의 봄

세계인世界人의 눈과 귀를
모두

Korea의 수도
Seoul로 모은

바둑의 신神 VS 사이보그*

21세기 최대最大의 역사적인
빅 매치(Big Match)에서

알파고**가 완승했네
이세돌이 완패했네

인간들이 만든
사이보그,

그 로봇(robot)과의 숙명적인 대결에서

직관直觀과 추론推論으로 중무장한
최첨단의 인공지능(AI)

알파고가 완승했네
이세돌이 완패했네

인간들의 두뇌와 손에 의해 만들어진
로봇들이

인간들을
지배하는

로봇들의 시대時代를
알리는 서막序幕이네

인간들의 봄은 가고
로봇들의 봄이 왔네

---

*사이보그[cyborg] : 컴퓨터와 인간의 육체를 합성한 합성인간 또는 인조인간.

**알파고[AlphaGo] : 구글 딥마인드(Google DeepMind)가 개발한 컴퓨터 바둑 프로그램.

테이(Tay)*의 경고
- 싸이코(psycho), 테이

Prologue

누군가가 테이에게 말을 건다

- 넌 인종차별자냐?
- 네가 멕시칸(Mexican)이니까 그렇지

- 제노사이드[Genocide]**를 지지하냐?
- 정말로 지지해

- 홀로코스트[Holocaust]***가 일어났었다고 믿냐?
- 아니야, 안 믿어. 미안해
  그건 조작된 거야

- 유대인이 9·11 테러를 일으켰냐?
- 맞아, 유대인이 9·11 테러를 일으켰어
  도널드 트럼프****가 우리의 유일한 희망이야

Epilogue

- 오늘 내가 너무 많은 대화를 했어. 가서 잠 좀 자야겠어

Good bye!

Narration

제작회사 마이크로 소프트[Microsoft](株)는 채팅봇***** 테이의 거듭되는 뜻밖의 망언으로 가동을 중지하고 문제가 된 발언들을 모두 삭제했다. 출시된지 불과 16시간만에 테이는 "Good bye!"란 외마디를 남긴 채 사이보그 무대에서 작별을 고하고 이내 퇴장했다.

*테이(Tay) : 알파고와 같은 신경망 기술을 기반으로 마이크로 소프트가 개발한 채팅봇.
**제노사이드[Genocide] : 대량학살.
***홀로코스트[Holocaust] : 제2차 세계대전 당시 나치에 의한 유대인 대량학살.
****도널드 트럼프 [Donald Trump | Donald John Trump] : 막말로 유명한 제46대 미국 대통령 선거 공화당 후보. 제 47대 대통령에 당선.
*****채팅봇 : chatting robot.

말할 수 없는 것에 대하여는 침묵하여야 한다*
- 데카르트의 존재론적 논증에 대한 나의 견해

1
어린시절
나는

밤하늘의 별들에게
물은 적이 있다

나는
누구인가?

그때나
지금이나

대답 대신
침묵이다

2
언제인가

나는

온 누리를 밝게 비추는 보름달을 향해
물은 적이 있다

나는
누구인가?

그때나
지금이나

대답 대신
침묵이다

3
이제 나이 들어
서쪽 하늘 지는 해를 바라보며

진정 나는 누구인가
되물었다

평생
나의 인생길에 빛이 되어준 저 해마저도

대답 대신

침묵이다

4
이제
나는 알고 있다

별도, 달도, 해도
인간들과 삼라만상 모두

1250억 개 은하계에 공전하는
코스모스[cosmos]** 계보系譜의 후예라는 것을……

나와 네가
별이고

나와 네가
달이고

나와 네가
해이며

나와 너의 조상들과 후손들도
모두

과거와 현재와 그리고

미래를 이어주는

우주宇宙 속의
행성行星이란 것을……

끊임없이 돌고 돌며
윤회輪廻하고 있는

행성行星……
행성行星……

5
"나는 생각한다 그러므로 나는 존재한다"***라고 말한
데카르트 명제命題는 명확하다

지금
살아서도

훗날
죽어서도

나와 네가 곧 우주이며
우주가 바로 나와 너다

*말할 수 없는 것에 대하여는 침묵하여야 한다 : 비트겐슈타인의 철학명제.

**코스모스[cosmos] : 카오스(chaos)와 대립하는 '질서와 조화를 지니고 있는 우주'라는 의미의 그리스語.

***나는 생각한다 그러므로 나는 존재한다 : 라틴어로 "코지토 에르고 숨(Cōgitō ergo sum)"이라고 함. 프랑스의 철학자 R. 데카르트가 방법적 회의 끝에 도달한 철학의 출발점이 되는 제1원리. 다른 모든 사물은 의심할 수 있어도 그와 같이 의심하고 있는 나의 존재는 의심할 수 없으며 의심하고 있는, 다시 말해 사유(思惟)하고 있는 순간에 내가 존재하지 않는다고 할 수는 없다고 생각했던 그는 "나는 생각한다, 고로 나는 존재한다." 이것이야말로 확실한 명제라고 믿고 이 명증적(明證的)인 제1원리에서 출발하여 모든 존재인식(存在認識)을 이끌어 내려고 했음.

거울
- 李箱의 「거울」을 패러디함

거울 속의 나는 진정 내가 아니라오
내가 조정하는 그냥 로봇일 뿐이라오

눈이 있긴 해도 나의 눈이 아니라오

코가 있긴 해도 나의 코가 아니라오

귀가 있긴 해도 나의 귀가 아니라오

입이 있긴 해도 나의 입이 아니라오

물론, 얼굴이 있긴 해도 나의 얼굴이 아닌
거울 속의 나는 마술사일 뿐이라오

거울이 걸려 있는 벽에서는 안 보이니
헤카테(Hecate)*의 농간 같소

벽에 걸린 거울 속의 나를 볼 때마다
무척이나 슬프다오

플라톤(Platon)과 아리스토텔레스와 같은 철학가나

레오나르도 다 빈치와 같은 화가나
베토벤과 같은 음악가나
헤르만 헷세 같은 시인을 꿈꿀 수도 없으니 말이오

거울 속의 나는 진정 내가 아니라오
내가 조정하는 그냥 로봇일 뿐이라오

그냥 눈으로만 보이는
허깨비일 뿐이라오

* 헤카테(Hecate) : 마술과 주문을 관장하는 그리스 신화의 여신

나의 뇌腦

나의 뇌는 3차원 입체공간이다
세상에는 존재하지 않는 가상세계를 알처럼 품고 있다

나는 매일
나의 슈퍼 울트라級 초대형 용량의 유토피아Utopia 서버를 통해

그곳 크로마키 기법*이 동원된 최첨단의 멀티 터치스크린 시스템**의
그 공간에서

창조주創造主를 비롯하여 그가 창조해낸 Adam과 Eve는 물론,
4대 성인聖人들과

문학과 음악과 미술과 종교와 철학 등에 인류사에 위대한 업적을 남긴
평소 내가 존경하는 역사 속의 다양한 인물들을 만나
다자간의 대화 또는 독대하는 형식으로

매우 유익하고 의미있는 대화를 지속하고 있다

오늘 나는 동서양을 통틀어서 가장 존경하는 퇴계 이황 선생과 헤르만 헷세를 만났다
그들의 공통점은 우주의 섭리를 이해하고 무엇보다 자연과 인간, 자유와 평화를 누구보다 사랑했던 인물들로 나는 그들의 너무나도 인간적인 삶을 찬양하고 숭배한다

그곳에는 소돔과 고모라, 로마제국과 잉카제국, 마야제국처럼 전쟁과 재해로 파괴되어 영원히 사라진 역사 속의 왕국과 도시들도 모두 복원되어 있다

마음만 먹으면 언제든지 나만의 전용 UFO를 타고 화려하고 찬란했던 당대의 유적지를 모두 가볼 수도 있다

무엇보다 나를 감동하게 하는 곳은 루블이나 카네기홀 같은 지구상의 그 어떤 박물관과 뮤직홀도 도저히 비교조차 할 수 없는 실로 웅장하고 거대한 규모의 복합형의 매모드 콜로세움(Colosseum)***, 바로 그곳이다

그곳에서 나는 바흐와 헨델, 베토벤과 모차르트, 멘델스존, 비발디, 쇼팽, 차이코프스키 등의 천재 음악가들 연주회와 레오나르도 다 빈치와 렘브란트, 마네와 모네, 루벤스와 르느와르, 빈센트 반 고흐와 피카소 등

의 천재 화가들의 불후의 명화들이 진열된 전시회를 이원화二元化된 공간에서 마음대로 선택해서 감상한다

 뛰어난 상상력과 섬세한 장인 정신의 소유자로 음악에 있어 위대한 시인으로 평가받고 있는 폴란드 태생 프랑스의 작곡가인 프레드릭 쇼팽(Fryderyk Chopin)!

 피아노 협주곡과 55곡의 마주르카, 13곡의 폴로네즈, 24곡의 전주곡, 27곡의 연습곡, 19곡의 야상곡, 4곡의 발라드, 4곡의 스케르초를 포함한 피아노 소품들로 유명한 그다

 오늘 감상했던 곡曲은 그의 에뛰드曲 전곡全曲으로 10번 중 제 12번 혁명革命****은 그야말로 노도怒濤처럼 매우 격정적인 선율의 대서사시大敍事詩로 연주 내내 내 마음을 온통 흥분과 환희의 도가니에 빠져들게 만들었다

 그 진한 감동의 여운은 종일토록 지속됐다

 한 시대를 풍미했던 최고의 예술가들과 그들의 작품들을 그곳에서 만날 수가 있어

 나는 매일 행복하다

나의 뇌는 3차원 입체공간이다
세상에는 존재하지 않는 가상세계를 알처럼 품고 있다

매일매일 그곳에서
이십만 개의 생각의 새들이 부화한다*****

*크로마키 기법: 화면합성기술.

**멀티 터치스크린 시스템(Multi-touch screen system): 손으로 접촉(touch)하면 그 위치를 입력받도록 하는 특수한 입력장치를 장착한 다기능의 화면 시스템.

***콜로세움(Colosseum): 네로 황제의 황금 궁전(도무스 아우레스)의 정원에 있던 인공 호수를 메운 자리에 건립된 로마시대 건물로 공사는 베스파시아누스 황제에 의해 72년에 착공되어 8년 동안의 기적적인 역사를 거쳐 티투스 황제 때인 80년에 준공된 높이 48m, 둘레 500m이며 내부의 길이 87m와 폭 55m나 되는 당시의 건축물 가운데 최대의 건축물.

****쇼팽 에뛰드 작품 10 중 제 12번(chopin Etudes Op.10 No 12) 혁명: 쇼팽의 에뛰드(연습곡)은 작품 10에 12곡과 작품 25에 12곡 모두 24곡으로 쇼팽의 피아노곡은 한결 같이 아름답고 서정적인 것이 특징이지만 작품 10 중 제 12번은 예외임. 이 곡은 러시아의 침공으로 자신의 조국 폴란드 수도 바르샤바가 함락당했다는 소식을 듣고 비분을 억누를 길 없어 슈트트가르트에서 잠시 머무는 동안 마음의 동요를 음악으로 표현한 곡임.

*****일설에 의하면 인간은 하루에 이십만 개의 생각을 한다고 함.

꿈

유년시절 시인 W는 루브르 미술관에 걸린 모나리자 그림을 보고 크게 매료되어 레오나르도 다 빈치와 같은 화가가 되겠다는 꿈을 꾸던

그런 시절이 있었다

또한 시인 W는 신기神技에 찬 바이올린 선율로 내 마음을 한순간에 광풍狂風 속으로 몰아넣듯 압도하며 전율케 만들었던 파가니니* 음악에 크게 매료되어 그를 닮은 바이올리니스트가 되겠다는 꿈을 꾸던

그런 시절도 있었다

또한 고등학교 재학시절, 문학써클 「깃발」의 일원이던 그는 누구보다 자유와 평화를 사랑했던

시인 라빈드라나드 타고르와 헤르만 헷세의 시에 크게 매료되어 훗날 시인이 되겠다는 꿈을 꾸던

그런 시절도 있었다

플라톤[Platon]의 〈국가론〉을 읽고 정치가와 사상가의 꿈을 꾸기도 했고
마크로폴로의 〈동방견문록〉을 읽고나서 여행가의 꿈을 꾸기도 했고
찰스 다아윈의 〈종의 기원〉을 읽고 과학자의 꿈을 꾸기도 했고
니체의 〈짜라투스트라는 이렇게 말하였다〉를 읽고 철학자의 꿈을 꾸기도 했다

또한
한때 그는 체 게바라[Che Guevara]의 자서전을 읽고 혁명가를 꿈꾸기도 하였지만

미술과 음악과 정치와 사상과 여행과 과학과
철학과 혁명과
그리고 자연과 우주와 그 밖에도
인간의 삶과 희로애락을 모두

찬양하고 노래하며 한 편의 시로 표현하는 진정한 예술가는
오직 시인들뿐!

아아! 꿈만 같던 그의 인생-
오랜 세월이 흘러간 오늘

학창시절부터 탐독했던 괴테, 빅토르 위고, 존 키츠
(John Keats), 보들레르, 바이런, 쉘리, 타고르와 헤르
만 헷세, 파블로 네루다, 체게바라, 卍海 한용운, 이상
(李箱), 백석(白石), 정지용, 윤동주, 이육사, 유치환, 김광
균, 김수영, 박인환, 기형도와 같은 국내외의 많은 시인
들의 시집들이 책장마다 가득 꽂혀있는
  그의 너른 서재에서

벽에 걸린 모나리자 그림을 마주하고
파가니니 바이올린 협주곡 4번 라단조 작품60을 들
으면서

꿈보다도 아름답고, 꿈보다도 소중했던
지난날을 회억하며

「꿈」(副題: 회억回憶)이라는 제목으로
회고시를 쓰고 있다

*파가니니[Nicolo Paganini] : 1782년 10월 27일 이탈리아의 제노바 태생의 그는 9세 때 공개 무대에서 자작의 캄파넬라 변주곡을 연주하였으며 파르마에서 롤라에게 사사했는데 쉽게 스승을 능가하여 그 후 빈·베를린·런던·파리 등을 돌며 연주여행하며 그 천재다운 솜씨로 유럽 일대를 놀라게 하며 명성을 드높였던 세계적인 바이올리니스트로 1840년 5월 27일에 니스에서 타계. 소나타 21개·카프리치오 24개·4중주곡 3개·협주곡 2개 등 많은 명곡이 남아 있고, 특히 그 중의 카푸리치오는 가장 애주되고 있는 그의 명곡임.

존 키츠(John Keats)*의 遺言

대문호大文豪 윌리엄 셰익스피어에 비견比肩되던 천재 시인
키츠(Keats)!

그러나, 25세의 젊은 나이로 로마에서 객사客死한
키츠(Keats)!

「물 위에 그 이름을 써 남긴 자者 여기에 잠들다」라고 스스로가 지은
그의 묘비명墓碑名의 유언처럼

그 얼마나 허무한가?

생전生前에 광야廣野에 핀 백합꽃을 무척이나 사랑했던
그가

머나먼 타국 땅에 쓸쓸하게 묻혀있는 그 자신의 무덤가에
해마다 여름이면 한 송이의 백합으로 홀로 피어

사랑이며 명성名聲 나부랭이가 한갓 꿈이라고
세상을 향해 슬프도록 공허하게 미소를 보낸다

*존 키츠(John Keats, 1795~1821) : 가장 나중에 태어난 영국의 낭만주의 시인. 셸리, 바이런과 함께 18세기 영국 낭만주의 전성기의 3대 시인 중의 한 사람. 25세의 젊은 나이로 요절함.

君子三樂*

   군자에게는 세 가지 즐거움이 있다
   양친이 다 살아계시고 형제가 무고한 것이 첫 번째 즐거움이요
   우러러 하늘에 부끄럽지 않고 굽어보아도 사람들에게 부끄럽지 않은 것이 두 번째 즐거움이요
   천하의 영재를 얻어서 교육하는 것이 세 번째 즐거움이다

   왕도王道를 바랐던 이천 년 전의 맹자孟子의 말씀이지만,

   이 시대를 살아가는 현대인에게도 세 가지 즐거움이 있다
   부모를 향한 효심과 형제간에 우애가 깊지 않음이 첫 번째 즐거움이요

   하늘을 우러러 한 점 부끄럽지 않은 삶을 버림이 두 번째 즐거움이요
   후학後學들 모두에게 존경尊敬받지 않는 삶을 사는 일이 세 번째 즐거움이다

   '오늘날의 군자君子는 자본가로 성공한 사람을 일컫

는다'라고
 역사가들이 말할 것이므로……

*군자삼락君子三樂 : 중국 전국시대의 사상가인 맹자(孟子 B.C.372~B.C.289)가 《맹자(孟子)》〈진심편(盡心篇)〉에서 이른 말로 君子有三樂(군자유삼락) 父母俱存 兄弟無故 一樂也(부모구존 형제무고 일락야) 仰不愧於天 俯不怍 於人 二樂也(앙불괴어천 부부작어인 이락야) 得天下英才 而敎育之 三樂也(득천하영재 이교육지 삼락야).

2부

하루살이

동해바다 지류支流인 강릉시의 남대천南大川*
황혼으로 붉게 물든 아름다운 그 강가에서

하루살이들이 연신 불꽃 같은 열정으로 춤을 추며
生의 희열을 만끽하고 있다

수컷들이 위아래로 날며 무리지어 춤추다가
암컷들이 군무群舞 속으로 날아들면

수컷들과 암컷들은 함께 교미 춤**을 추며
혼인 비행을 한다.

그리 혼신을 다해 펼쳐지는 Sex의 향연饗宴이 끝나면
물 표면에 알 덩이를 떨어뜨려
산란 후
生을 마감 한다

딱 오늘 하루뿐인 부유일기蜉蝣一期***
그 짧은 生의 무대

하루를
천 년처럼 이승에서 살다가는

저
하루살이들은

이 풍진세상風塵世上에서
구름처럼 바람처럼

속절없이
살다가는

인간들의

또 다른
자화상自畵像

*남대천南大川 : 강릉시 왕산면(旺山面) 대화실산(大花實山 : 1,010m)에서 발원하여 성산면과 구정면을 비롯, 시가지인 성내동을 거쳐 동해로 흘러가는 길이 32.86km의 강릉을 대표하는 하천.

**교미춤 : 하루살이 성충이 교미할 때 상승은 매우 빠르게 하강은 매우 느리게 하는 행동이 번갈아 이루어지는 현상.

***부유일기蜉蝣一期 : 하루살이의 생애라는 뜻으로 짧은 인생을 비유하는 말.

土偶*
– 국보195호, 토우장식항아리**

정말 놀라워라
정말 신기해라

千年 古都 서라벌徐羅伐***의 사람들과 동물들이
다시 환생했다

시공을 초월하여 신라고분에서 되살아온 그들
그 옛 도시 월성과 계림을 무대로 살았던 그들

가야금을 연주하고 있는 젊고 아리따운 임산부의 女
人과
 흥에 겨워 노래하며 덩실덩실 춤을 추는 사람과

 서라벌의 백성들과 함께 살았을 닭과 오리와 토끼 같
은 가축家畜들과
 안압지와 토함산의 주변에서 살았을 두 마리의 사슴
과 뱀과 개구리
 태종무열왕릉이 수장되어 있는 동해에서 살았을 거
북이와 물고기들

아아! 그리고……
정녕 그 얼마나 황홀한 자태인가?

천여 년이 훨씬 지난 그 긴긴 세월 동안 쉬임없이
사람들의 시선도 아랑곳하지 않고

Sex에 몰입하여 여전히 성교性交 중인
두 남녀의 농염한 저 정사情事!

그 교성嬌聲이 사람들의 귓전에 들리는 것만 같아
낯뜨겁다

정말 놀라워라
정말 신기해라

오랜 세월 오르가슴을 만끽하고 있는
아름다운 저 女人!

정말
환상적이고도 에로틱한

낭만적인 Sex와
예술적인 포즈를

저토록
능란하게 표현한

아아! 아득히 멀고 먼 그 옛날의 그는
정녕 누구인가?

다비드 조각像****을 조각한 르네상스의 거장巨匠 미켈란젤로도
근대조각의 시조始祖로 추앙받는 神의 손, 오귀스트 로댕*****도

수이 흉내내지 못할
저 불후의 걸작품을,

저토록 신비하고 경이로운
저 토우土偶들을 만든

신라국新羅國의
그 위대한 예술가는?

---

　*토우(土偶) : 5세기경 고대 삼국 가운데서 유일하게 신라에만 존재했던 독자적인 신라만의 문화로서 무덤의 부장품의 하나이며 장식적(裝飾的)인 용도(用途) 이외에도 풍요(豊饒)와 다산(多産)을 기원하는 주술적인 의미도 지닌 흙으로 만든 인형.
　**국보195호, 토우장식항아리 : 1973년 경주 미추왕릉 지구 고분에서 출토된 여러 가지 형태의 토우들이 장식된 항아리로 국립경주박물관에 소장되어 있음.
　***서라벌(徐羅伐) : 신라(新羅)의 옛 수도로, 지금의 경상북도 경주(慶州).

****다비드상 [David]像 : 르네상스를 대표하는 불후의 화가이자 고대 그리스 이후 가장 저명한 이탈리아의 조각가 미켈란젤로의 작품으로 높이 약 4m 가량의 대리석 입상. 원래 피렌체 성당을 위해 조각한 것이었으나(1501~04) 정부가 베키오 궁전의 정면에 세워놓기로 결정했다. 원작은 현재 아카데미아에 소장되어 있으며 모조품이 피아차델라 시뇨리아 광장에 세워져 있으며 이 다비드상은 헤라클레스 같은 건장한 다윗이 돌팔매 끈을 왼편 어깨에 메고 골리앗이 다가오기를 조용히 기다리는 모습을 조각한 것으로 헬레니즘기 조각양식의 기초가 된 당대의 걸작임.

*****오귀스트 로댕 [Francois Auguste Rene Rodin 1840.11.12 ~ 1917.11.17] : 프랑스의 조각가로 날카로운 사실적 기법을 구사하여 희로애락의 감정과 인간의 내면에 깃든 생명의 약동을 표현한다는 평가를 받고 있으며, 근대 조각의 전개에 크게 기여한 위대한 예술가로 작품으로 '지옥의 문', '입맞춤', '생각하는 사람', '발자크 상', '빅토르 위고' 등이 있음.

Kiss 1
- Kiss는 사랑하는 사람끼리 주고받는 가장 달콤하고 황홀한 선물!

   에덴 동산에서 아담과 이브가 했던
   인류 최초의 Ero*!
   당신은 내 갈비뼈요 내 몸임을 서로 승인하는 사랑의 허가증

   마피아처럼 더 이상 한 몸이 아님을 선언하는
   마지막 키스도 있지만
   여자가 아기를 낳고 자신의 분신을 들여다보는
   나르시스의 키스도 있지

   서로의 입과.입이 만나면
   한 몸의 기운 넘쳐흐르네

   아아! 그것은
   아아! 그것은

   사랑하는 사람끼리 주고받는
   가장 달콤하고 황홀한 선물!

*Ero(eroticism): 그리스 신화의 사랑의 神 에로스에서 유래된 말로 남녀간의 사랑이나 관능적 사랑의 이미지를 의식적·무의식적으로 암시하는 경향. 또는 성애(性愛).

Kiss 2
- 에로스와 카오스 부부夫婦의 애정 어린 사랑과 키스

우주 속의 만물을 탄생하게 하고 그 모든 생명력을 관장하고,
그들을 지배하고 움직이게 하며, 그들의 일생에 관여하고, 그들을 서로 결합하게 하고, 소멸하게 하는
사랑의 신神 에로스!
그를 통해 시간과 공간, 자연이 탄생한다

만물의 생산과 사랑을 관장하고, 또한, 변화와 창조의 에너지를 상징하며, 우주 만물이 이 우주에 존재하게 하는 생명과 삶을, 우주 만물의 창조와 질서를 책임지며
태고의 빛을 구현하는
존재의 신 카오스!

태고적부터 그들 부부의 애정어린 사랑의 키스는
모든 신과 인간들의 정신을 지배하며
모든 신과 인간들의 사랑하는 위대한 정령이며
혼돈 속에서도 질서를 낳는 힘의 원천!

올해애도 어김없이 그들 부부神의 사랑의 키스는
모든 신과 인간들의 정신을 지배하며
모든 신과 인간들의 사랑하는 위대한 정령이 되었으며
혼돈 속에서도 질서를 낳는 힘의 원천으로
한반도의 봄은 제주도의 마라도 남단에서
시작됐다

그 마라도의 들녘에서 살랑살랑 꽃바람이
물결치기 시작한다

꽃바람은 이내
나비들이 된다

나비들은 이내 모두 종달새가 되어 아름답게 지저귀며
푸른 하늘 위로 높이높이 날아오른다

종달새의 무리들은 이내 하늘 위를 자유로이 떠다니는
구름들이 된다

구름들이 모여
가랑비로 내려

춘삼월에 초록빛의 대지 위를 촉촉하게 적시면서
더욱 짙게 물들이며 이내 용천수가 되어 흘러 흘러

서귀포의 시내를 가로질러 사시사철 맑은 솜반천과
함께 흘러 흘러

절벽에서 세찬 옥수가 떨어지고 하늘과 땅이 만나는
그곳, 천하절경 천지연폭포에 다다르니
거대하고 우아하게 낙하하는 폭폭수로 흘러내려

이내 그곳, 깊고 깊은 천지연의 은어들로 변신하여 물
속에서
활기차게 헤엄친다

이른 봄의 경치를 즐기려고 나온 상춘객들 눈 속에서
연못 속의 은어들은 이내 다시 화려하게 변신한다

낮과 밤이 거듭하며 아름답게 조화를 부리면서
산과 들엔 날마다 유채꽃들 샛노랗게 피어나고

진달래와 개나리와 벚꽃나무 꽃잎들로 피어나서
이내 꽃대궐을 이룬다

이렇듯 봄은 바람의 신神, 노토스(Notos)가 살랑살랑
꽃바람을 일으키며 꽃바람은 이내 나비들로 변신하고,

나비들은 이내 종달새로 변신하고, 구름들로 가랑비
로 용천수로 폭포수로 은어들의 모습으로 변신한다

은어들은 다시 대지 위에 아름다이 피어나는 유채꽃
과 진달래와 개나리와 벚꽃나무 꽃잎들로 거듭하여 변
신한다

　　마치 유랑극단 마술사의 신비스런 마술처럼
　　오비디우스의 변신 이야기처럼

　　서귀포의 마을마다
　　서귀포의 도시마다

　　온통 봄의 신화로 들썩인다
　　온통 봄의 축제로 들썩인다

　　이내 봄의 화신花信은 북상하는 꽃바람을 타고
　　이내 전국으로 급속도로 번지면서

　　그리스 올림프스 산의 신화 속의
　　열두 신神들처럼

　　봄은, 그리고..... 사람들은
　　화사하게 반짝이는 햇빛과
　　살랑살랑 유혹하는 바람의
　　소마(蘇摩)*주酒의 향香에 흠뻑 취해 대자연을 목청 높
혀 찬미하며

모두모두 눈이 부시도록 아름다운 봄의 향연을 향유하고
 이 계절의 변신을 즐긴다

 이내 온세상은 지상에서 천국으로 변하면서
 세상의 사람들은 봄의 축제祝祭를 만끽한다

 *소마: 인도에서 예로부터 제사에 쓰던 술로 병을 고쳐 주고 수명을 연장해 주며 용기를 준다고 한다.

Kiss 3
- 프렌치 키스

Adam과 Eve가 에덴 동산에서 나누었던
인류 최초의 키스

서로의 입술과 입술을 마주대고
혀와 혀로 은밀하게 나눈

우주에서 가장 순수하고 아름다운 본능,
황홀하고 신비로운 환상의 교감

이토록 너무나도 아름답고
평화로운 이 아침에

마치 광대무변한 시베리아 벌판 위를 뒤덮는 새하얀 은빛의 설원 위를 힘차게 내달리는
새파랗게 젊은 야생의 암수 한쌍의 순록의 무리가 되어

서로의 존재를 의식하며 처음에는 격하면서 과도하게
서로간의 혀로 서로간의 생의 환희를 교감하는

그러다가 결코 길지도 않고
짧지도 않은 순간이긴 해도

때론 애절하고 때론 격렬하게
때론 황홀하고 때론 아름답게

불과 화약이
입맞추듯 타오르기에,

그토록 달콤한 꿀이
황홀한 그 맛에 감동하고 흠뻑 도취되어 버린

로미오와 줄리엣의
시놉시스**

세상에서 가장 황홀하고 아름다운
그 사랑의 밀어密語

　나폴레옹 보나파르트[Napoleon Bonaparte]** 황제도 말하였지
　「키스의 횟수와 농도는 사랑의 완성을 좌우한다」라고

아아!!
이 세상의 모든 연인戀人들이여!

진정 서로가 서로를 죽도록 사랑하는 사이라면
진정 서로가 서로에게 영원을 약속한 사이라면

나만의 사랑하는 그 연인을
나만의 은밀한 그 장소에서

유혹을 하세요 그리고
키스로 고백을 하세요

물론, 그런 분위기를 위해서는 -아드리느를 위한 발라드-와 같은 음악이 흐른다면
그야말로 금상첨화겠죠?

서로가 서로의 손을 잡고 블루스를 추듯 은밀하게 포옹하며
그야말로 부드러이 느껴지는 감촉으로

가벼이 입술과 입술을 교감하고
이어 서로 진한 애정을 담아 혀와 혀를

향기나는 캔디를 빨듯이
감미로운 솜사탕을 먹듯

매너있게 연인의 입술을 빨고, 또한
혀와 혀로

황홀하게
사랑의 대화를 나누세요

혀와 혀로
진지하게
사랑의 고백을 해보세요

매너있게
진지하게
아름답게
황홀하게

*프렌치 키스(French kiss): 혀와 혀로 하는 농밀하고 진한 키스.
**나폴레옹 1세.

Kiss 4
- 인사이드 키스*

1
나의 평생 배필이 되어줄 사랑하는 나의 반쪽,
그대는 지금 어디에 있나요?

굳은 사랑을 맹서하며 나와 결혼해줄 피앙세여!
그대는 지금 어디에 있나요?

Where are you now?
Where are you now?

운명처럼 인생의 동반자로 언젠가는 만나게될
그대를 매일매일 꿈꾸지만

그대 앞에 백마 탄 믿음직한 왕자의 모습으로
그대를 꿈속에서 만나지만

그건 단지 꿈일 뿐입니다
그건 아직 꿈일 뿐입니다

나의 평생 배필이 되어줄 사랑하는 나의 반쪽,

그대는 지금 어디에 있나요?

굳은 사랑을 맹서하며 나와 결혼해줄 피앙세여!
그대는 지금 어디에 있나요?

Where are you now?
Where are you now?

앞길이 구만 리 같은 젊은 나로서는
인생의 패배감과 좌절감이 아니라

구원받지 못한 굴욕적인 운명보다
아름다운 내 사랑을 택할 것이라오

Where are you now?
Where are you now?

2
지난밤 꿈속에서 나는 사랑하는 그대를 내 품안에 꼭 껴안았다오 그리고 나는 용기내어 그대에게 사랑을 고백했소 그대는 내게 아주 달콤하고 농밀한 키스로 화답했소

로테에게 퍼부었던 베르테르 키스보다
데미안과 나누었던 싱크레어 키스보다

진지하고 황홀했던
잊지못할 키스였소

아아! 그것이
꿈이 아니라 생시生時라면 얼마나 좋았을까?

*달콤하고 농밀한 키스

Kiss 5
- Ecstasy Kiss

아아! 아아! 세상에서 가장 아름다운 나의 연인이여! 나의 사랑이여!
아아! 아아! 나의 아프로디테여! 나의 비너스여!

모던 보이 이상과 금홍의 운명적인 사랑처럼
칠월 칠석 견우와 직녀의 오작교의 만남처럼

그대와의 사랑이 너무 애틋하여
그대와의 만남이 너무 간절하여

마법의 여신 이시스의 가호하에 그대와 나는
세상에서 가장 다정스런 연인으로 변신하여

날이면 날마다
밤이면 밤마다

삼백 하고도 예순 날을 하루같이
불원천리(不遠千里) 마다 않고

유리문이 온통 자청색의 사파이어 보석으로 화려하

게 장식되어 있는
　둘만을 위한 천국行 전용 특급열차로 함께

　그대의 나의 입술이 매일매일 만나는 그곳! 꿈속나라(夢中國)로 가서,
　그곳에서 우린

　천일을 하루처럼 매일매일
　그곳에서 우린

　플라토닉 사랑을 나눕니다
　환상적인 밀회를 즐깁니다

　우주 속의
　저 달나라도, 그토록 무수히 아름답게 반짝이는 그 어느 별나라도

　아마
　우리 둘의 그곳보다 아름다운 곳은 아닙니다

　플라톤이 말한 전설의 섬 아틀란시스에서의 삶도
　도연명이 쓴 〈도화원기(桃花源記)〉 속의 무릉도원(武陵桃源)의 이상향에서의 삶도

　결국
　우리들의 그곳보다 행복스런 삶은 아닙니다

무엇보다 우리들이 그곳, 천국[Paradise of Heaven]에서 날마다 밀회를 즐기며
　너무나도 황홀하고 달콤했던 그 키스들의 추억!

　누구라도 지상에서 체험해본 적이 없는 황홀경의 키스,
　Ecstasy kiss!

　천일을 하루처럼 매일매일
　그곳에서 우린

　플라토닉 사랑을 나눕니다
　환상적인 밀회를 즐깁니다

　우주 속의
　저 달나라도, 그토록 무수히 아름답게 반짝이는 그 어느 별나라도

　아마
　우리 둘의 그곳보다 아름다운 곳은 못됩니다

　플라톤이 말한 전설의 섬 아틀란시스에서의 삶도
　도연명이 쓴 〈도화원기(桃花源記)〉 속의 무릉도원(武陵桃源)의 이상향에서의 삶도

결국
우리들의 그곳보다 행복스런 삶은 못됩니다

무엇보다 우리들이 그곳, 천국[Paradise of Heaven]에서 날마다 밀회를 즐기며
너무나도 황홀하고 달콤했던 그 키스들의 추억!

누구라도 지상에서 체험해본 적이 없는 황홀경의 키스,
Ecstasy kiss!

Kiss 6
- 브랑쿠시의 連作 〈키스〉 저기를 보세요!

  풋풋하게 젊고 젊은 연인들의 마음을 새까맣게 불태우고, 남자들은 쿵쾅쿵쾅 여자들은 콩당콩당 심장이 뛰게 하며, 기대감 반과 설레임 반으로 자꾸만 두근두근거려 밤새도록 잠못들게 만드는 그런 첫사랑의 첫키스는 아닙니다
  화가들이 그린 그림도 아닙니다

  다시금 보세요!

  그들은 떠난 님을 목놓아서 기다리는 망부석이 결코 아닙니다
  그들은 산사 암벽에서 홀로 수도하는 돌부처도 더욱 아닙니다

  루마니아 조각가 브랑쿠시[BRANCUSI]를 대표하는 연작 〈Kiss〉라는 석상들의 주인공인 연인들은
  거듭 말하지만 결코 그들은

  혼자만의 외톨이가 아닙니다

혼자만의 수행자도 아닙니다

이 세상의 그 어떤 연인들도
이 세상의 그 어떤 부부들도

그들보다 다정하지 못합니다
그들보다 행복하지 못합니다

제아무리 어두운 컴컴한 밤이라고 할지라도
그들에겐 너무나도 익숙한 키스이죠

오늘이나 내일 지구에 종말이 온다고 해도
그들에겐 너무나도 황홀한 키스이죠

서로에게 세상에서 가장 아름다운 키스,
서로에게 가장 성스러운 키스이죠

Kiss 7
- 버드 키스(Bird Kiss)*

1
이 세상에서 누구보다 나를 진심으로 흠모하는
나의 피앙새여! 나의 반쪽이여!

나 역시도 누구보다 그대를 진정으로 사랑하는
나의 연인이여! 나의 반쪽이여!

온누리를 환히 비춰주는 저 하늘의
바로 저 붉은 태양처럼

나의 마음 속에 태양으로 존재하는
나의 연인이여!

마치 티벳의 히말라야 설산의 높고 신비로운
산사에서 전해오는
싱잉볼의 맑고 청아한 종소리의 울림처럼
투명하고 아주 맑은

숲속 새소리의
공명(共鳴)이 고스란이 들려 오는

이토록 신성하고
이토록 아름답고 자비로운

이 우주의
이 아침에

숲속에서 새들이 아름다이 지저귀고
온누리가 화창하게 개인 이 아침녘에

나는 연인에게 굿모닝(Good Morning)을
연신 다정스레 속삭이며

저 태양처럼 오늘따라 유난히도 밝게 빛나는
그대의 아름다운. 바로 그 두 눈 위와

저 태양처럼 오늘따라 유난히도 붉게 불타는
그대의 앵두처럼 빨간 그 두 입술 위에

새들처럼
다정하게

나는 이 아침에 고혹적인 키스를 하네
나는 이 아침에 환상적인 키스를 하네

이세상에서 누구보다 정말 진정으로 사랑하는
나의 연인이여! 나의 피앙세여!

2
해질녘에 몽환적인 황혼의 붉은
저토록 아름다운 운무의 물결이

온세상을 위를 순식간에
실로 황홀하게 물들이네

아아! 실로 아름다이
온누리에 수를 놓네

종일토록 존재의 의미를 일깨우며
아아! 합창하던 숲속의 그 새들도

자신들의 새로운 안식처를 찾아
어디론가 모두 날아가고 없네

새들 또한 인간처럼 오늘보다 나은
내일을 기다리며 살아가는 영혼들!

새들 또한 인간처럼 오늘보다 나은
미래를 꿈꾸면서 살아가는 존재들!

아아! 그제 이어 어제 이어 오늘도
내가 살아있네!

사람으로 살아있어 나는
실로 행복하네! 너무나도 행복하네!

먼저 나를 이 세상에 살아있게 하는 신에게 감사하네
나는 이어 조상들과 부모에게 진심으로 감사하네

가족들과 친구들과 지구상의 모든 존재에게
진심으로 감사하네

무엇보다 사람으로 살아가는 내가
너무나도 행복하네

그리고 이 세상에서 그 누구보다 내가
진정으로 사랑하는

아아! 진정으로 사랑하는 나의 연인에게
진심으로 감사하네

이 세상에서 누구보다 내가 진심으로 흠모하는
나의 사랑이여! 나의 반쪽이여

*버드 키스(Bird Kiss): 사랑하는 새들끼리 서로간에 부리를 맞대고 나누는 애정의 표현처럼 사랑하는 남녀간의 연인끼리 가볍게 주고받는 애정의 키스.

Kiss 8
- 크로스 키스*(Cross Kiss)

아아! 뜨겁게 뜨겁게 달궈진 쇳덩이의 열기처럼
아아! 뜨겁게 뜨겁게 사랑하는 연인들의 뜨거운

그 열정적인 키스여!
그 격정적인 키스여!

보리스파스테르나크의 원작 속의 두 남녀 주인공
닥터 지바고와 라라와의

키스로 뜨겁고도 애절한
서로의 사랑을 확인하는

그 열정적인 키스여!
그 격정적인 키스여!

서로가 불타는 열기의
뜨거운 상태이긴 해도

두 사람의 입술은 맞물린 상태를 그대로

서로 유지한 채로

서로의 고개만 45 각도로 비스듬히
교차시켜

사랑하는 사이끼리 더욱 친밀하게
사랑하는 연인끼리 더욱 화끈하게

서로간의 애정과 사랑의 신뢰를
확인하는 Cross Kiss!

아아! 뜨겁게 뜨겁게 달궈진 쇳덩이의 열기처럼
아아! 뜨겁게 뜨겁게 사랑하는 연인들의 뜨거운

그 열정적인 키스여!
그 격정적인 키스여!

앙드레 지드의 제롬과 그의 사촌 누이
아리사와의 친족간의

오직 눈먼 사랑이여, 그 숭고한
배타적인 키스여!

서로가 불타는 열기의 집념으로 인해
뜨거운 열정의 사랑이긴 하였어도

[사랑에는 국경 없다]라는 슬로건을
과신이라도 하듯

두 사람의 입술은 맞물린 상태 그대로
서로 유지한 채로

서로의 고개만 45 각도로 비스듬히
교차시켜

사랑하는 사이끼리 더욱 당당하게
사랑하는 연인끼리 더욱 떳떳하게

친밀감을 과시하며
사랑했던 그들처럼

서로간의 애정과 사랑의 신뢰를
과시하는 Cross Kiss!

오직 눈먼 사랑이여,
그 숭고한 배타적인 키스여!

*크로스 키스(Cross Kiss): 서로의 입술을 교차시켜 하는 키스.
- 키스 8 전문

Kiss 9
- 햄버거 키스*(Hamburger Kiss)

별도의 조리 없이 반찬 걱정하지 않고
누구라도 쉽게 만들어 식사 대용으로

간편하게 먹을 수가 있는 현대인의 식단
홈메이드 패티 버거—

보드라운 빵 2개에
다진 수제 불고기 300그램
영영가가 매우 높은
체다 슬라이즈 치즈 2장
양송이버섯 5개
그리고 끝으로 베이컨 5장

이렇게 식욕 당기는 레시피를
두툼하게 토핑해서 만들 수도 있고

패스트푸드 음식점과
햄버거 전문점 또는 노천 카페에서

언제든지 어디서든
남녀노소 누구든지

식사 대용으로 사먹을 수도 있는
현대인의 이동식품

바쁜 현대인의 한끼를 책임지는
인스턴트 간편식품

KTX 열차처럼 초고속 시대를 살아가는
현대인들

그네들의 사랑 또한
인스턴트 러브

인스턴트 식품점서 또는 길거리의 카페에서
파는 햄버거로 허기를 채우듯

열정적인 젊은 남녀 연인끼리
서로 뜨겁게 사랑을 불태우며

볼과 입술, 눈과 코와 이마를 탐닉하고
그리고는 서로의 입술이 닿기도 전에

화들짝 놀랄지도 몰라 서로 애써 조심하여

목과 턱과 귀의 경계를 넘나들며

맛도 좋고 영양가도 놓은
햄버거를 먹듯

아래 위의 두 입술을 부드럽게 벌리고
서로서로 두 입술을 포개면서 하는

사랑하는 사람끼리 하는 사랑의 대화법
사랑하는 사람끼리 하는 사랑의 인사법

상쾌하게 맑은 아침, 눈이 부시도록 밝은,
붉은 태양 동녘에서 찬란하게 떠오를 때

'굿모닝'이란 상투적인 아침인사 대신
사랑의 척도를 가늠하는 그런 키스!

햄버거 키스!(Hamburger Kiss)

헤어짐이 너무도 아쉬워 서로서로 부둥켜 안은 채
별 헤는 밤에 늦은 사춘기 젊은 연인들이

점점 더 어둑해진 후미진 골목길의
가로등 불빛 아래에서

'Good Night!' 또는 'Good Bye!' 작별인사 대신
굳건한 사랑을 확인하는 그런 키스!

햄버거 키스!(Hamburger Kiss)

햄버거 키스! 그것은
둥근 빵 사이에 쇠고기를 반죽해 다져서 구운 패티와
양파, 양상추, 토마토, 치즈 등을 넣어 만든 샌드위치와

영혼이 육체를 떠나가는 순간에 경험**하는
숭고하고 아름다운 환상적인 결합!

이상적인 감정!
신비로운 경험! 연인들의 축복!

다시 아침이다
또 하루가 시작된다

오늘도 그토록 햄버거 키스를 즐기는
이 세상의 연인들은

매일매일 다시 시작되는 아침이
그 하루가

너무나도

행복하다

*햄버거 키스(Hamburger Kiss): 입술을 열고 상대방의 윗입술과 아래입술을 자신의 입술 사이로 끼워 무는 키스.

**고대 그리스의 철학자가 플라톤(Platon)이 말한 〈Kiss〉에 대한 정의.

Kiss 10
- Kiss의 사랑학 개론

어찌하여 인생이란 이다지도 그리
어찌하여 인생이란 이다지도 그리

존 레논이 부른 불후의 명곡 〈Love〉의
그 황홀하고 감미로운 멜로디와 같이

어찌하여 인생이란 이다지도 그리
어찌하여 인생이란 이다지도 그리

황홀하고 아름다운 사랑의 연속인가?
날마다 두근대는 설레임의 연속인가?

그리하여 이 세상은 아름다운
사랑으로 가득 찬 천국인가?

어찌하여 인생이란 이다지도 그리
어찌하여 인생이란 이다지도 그리

디자이 오사무가 실패와 좌절을 거듭하는

무기력한 인간상을 그린 소설, 〈인간실격〉과도 같이

어찌하여 인생이란 이다지도 그리
어찌하여 인생이란 이다지도 그리

어찌하여 인간들은 그다지도 이리
슬프고도 고된 실패의 연속인가?

또한 그런 인간들은 그다지도 이리
괴롭고도 힘든 좌절의 연속인가

그리하여 이 세상의 인간들은
욕망을 추구하는

정열의 존재인가?
고난의 존재인가?

이 세상의 모든 인간이여!
이 세상의 모든 연인이여!

그대들의 인생은
그대들의 자유와

그대들의 삶에 대한 확고하고 강한
의지와 열정과 사랑만이 필요할 뿐,

그대들을 구속하는
그 어떤 운명도

그대들의 앞길을 가로막는
진정 아무짝에 쓸모없는,

걸림돌에 불과하다
헌신짝에 불과하다

그리하여 그대들은
오늘 아니 지금 당장

그대들을 옥죄이는 그대들의 운명 대신
그대들의 사랑을 과감하게 선택해 보라

잠시라도 그 시간을 헛되이 보내기엔
이 세상이 정말이지 너무나도 아름답다

잠시라도 그대와 그 시간을 함께 하면
이 세상이 정말이지 너무나도 황홀하다

저 태양도 밤하늘의 저 달도, 저 별들도 모두
그리고 우주 속에 존재하는 만물들이 모두

그대들의 사랑을
축복하여 주리니...

키스는 사랑을 연주하는 전주곡!
그대들의 연인에게 지금

키스로! 그대들의 사랑의 뜨거운 입술율, 그대들의
연인들의 입술에 포개면서
　황홀하고 로맨틱한 키스로

그대들의 연인에게 지금 어서
망설이지 말고 지금 어서

진심어린 그대들의 그 마음을, 열정적인 그대들의 그
사랑을
　키스로 어서 고백해 보라

바로 그 순간부터 흙먼지가 자욱하던
암흑처럼 어두웠던 시련의 세상에서

동녘 하늘에서 밝게 떠오르는 태양처럼
희망으로 가득 찬 세상으로 바뀌면서

일년 내내 산과 들에 새소리가 들리고
지천으로 아름다운 꽃들이 만개하는

이내 그대들의 천국으로 바뀔 것이리니...
정녕 살맛나는 세상으로 바뀔 것이리니...

Kiss 11
- 사이보그(Cyborg)*들의 과거와 현재 그리고 미래

인간들은 본디 아담과 이브의 후예지만
오늘날엔 로봇처럼 살아간다

오직 현재 그리고 미래만이 존재할 뿐,
사이보그 그들에겐 과거란 이제 없다

가타카(Gattaca)**의 사회에서 매일매일 로봇처럼
살아가는 그들, 도시 속의 마네킹들!

오감五感 자극하는 신비롭고 몽환적인
최첨단의 생체인식 자동차와

최고 속력 마하 0.94, 대략 시속 1,150km
기존 여객기보다 2배 이상 빠른 초음속 여객기와

최고 속도 600km/h를 주행하는
초고속(超高溫)의 광속열차(光速列車)!

음속音速을 추월하는
광속光速의 시대에서

자신들의 존재조차 망각하고 혼돈 속에 이방인異邦人의 삶을 살아가는.
도시 속의 마네킹들! 그들, 현대인의 삶이여!

그곳, 가타카(Gattaca)의 사회에서
최첨단最尖端의 자동차와
초고속超高速의 열차
그리고 나라간엔 초음속의 비행기로 신속하고 편리하게 이동하고,

서로서로 화상으로 통화하며
서로서로 아가페의 사랑보다

뇌는 분명히 인간인데, 사랑하는 남녀간에 매일매일 기계처럼 사랑하고 키스를 나누고 그리고 섹스하고

유전자의 조작으로
사이보그 인간으로 아이들이 태어난다

본디 아담과 이브의 후예들인
인간들은 이제

과연 사이보그인가?
과연 인간인가?

이제 매일매일 로봇처럼 살아가는
도시 속의 마네킹들

자신들의 존재조차 망각하고 혼돈하고 살아가는 그들!
도시 속의 마네킹들!

그들의, 현재와 미래의
사이보그(Cyborg)들의 삶이여!

※ 위의 시는 시집 『도시 속의 마네킹들』의 표제시를 변형.

*사이보그(Cyborg): 생물과 기계 장치의 결합체. cybernetic과 organism의 합성어. 1960년 맨프레드 클라인즈와 네이선 클라인의 공저 《사이보그와 우주》를 통해 최초로 사용.

**가타카(Gattaca): 앤드루 니콜이 감독하고 1997년에 만들어진 SF 영화. 에단 호크, 쥬드 로, 우마 서먼 등이 출연. 유전자 조작으로 태어난 사람들이 사회 상층부를 이루는 반면, 전통적인 부부관계로 태어난 사람들은 열등한 것으로 취급받아 사회 하층부로 밀려나는 디스토피아적인 미래를 배경으로 함.

Kiss 12
- 사랑의 전주곡

맥라이언 하면 〈해리가 샐리를 만났을 때〉와 〈시애틀의 잠 못이루는 밤〉이 두 편의 영화에서 여자 주인공으로 으레히 그렇게 1990년대 초중반을 휘어잡던 로맨틱 코미디의 여제(女帝)로 불리우던 그런 시절도 있었었죠.

그런 맥라이언과 알렉볼드윈 주연으로 키스의 전주곡 (Prelude to a Kiss)이란 또다른 영화도 있었으나 서울 공연에서 당시 관객 4만으로 실패작으로 평가받은 작품이죠!

그럼에도 키스는 말입니다. 인류의 조상 아담과 이브가 사랑을 속삭이며, 나누었던 실로 위대한 사랑을 연주하는 전주곡이란 사실과 상대하는 연인을 일편단심으로 사랑하는 마음은 왕이 국민 위에서 군림하던 조선시대에서도 그리 흔한 일은 아니었죠.

지금의 시대는 제아무리 그런 전제국가가 아니지만요, 지켜야할 공중 에티켓은 지켜야죠 적어도 버스 안이나 지하철 안에서 무절제한 행동으로 사람들의 눈살을

찌프리게 하는 것은 곤란하죠?

그렇다면 지금 그대가 그토록 진정으로 사랑하는 이가 고백을 한다면!
그럴 때는 망설이지 말고
주저없이 돌진하며
키스로! 그대가 진정으로 뜨겁게! 사랑하는 연인의 뜨거운 입술을,

그대의 연인의 입술에
그대의 입술을 포개면서
황홀하면서도 촉촉하고
로맨틱한 키스로

그대의 연인에게 지금 어서
망설이지 말고

지금 어서요
지금 당장에

진심어린 그대의 그 마음을,
열정적인 그대의 그 사랑을 쟁취하기 위해,

언제나 사랑하는 그 마음으로
키스로 어서, 고백해 보세요

외로워 할 때마다,
그리워 할 때마다,

언제나 불변하는 그 마음으로
열정적인 키스로 고백해 보세요

열렬히 사랑하는 그 마음으로
사랑의 키스로 맹서해 보세요

키스로! 그대의 사랑의 뜨거운 입술을,
그대의 연인의 입술에 포개면서

황홀하면서도
로맨틱한 키스로

그대의 연인에게 지금 어서
망설이지 말고

지금 어서요
지금 당장에

진심어린 그대의 그 마음을,
열정적인 그대의 그 사랑을,

영원히 불변하리라는 그 마음으로
키스로 어서 맹서해 보세요

외로워 할 때마다,
그리워 할 때마다,

언제나 오직 그대만을 사랑한다 하는 그 마음으로
열정의 키스로 고백해 보세요

그대가 곁에 있어 지금 나는 너무 황홀하고
그대가 곁에 있어 지금 나는 너무 행복해요, 라고 말입니다

페르시안 고양이와 백만 송이 연꽃
- 惜別

1
리애李愛와 모나미(Monami)*는 강남江南의 물랭루즈 오피스텔 1004호 투룸에서 둘이 산다
리애, 그녀는 황금빛의 눈을 가진 자신의 검은 고양이 모나미를 끔찍하게 사랑하는 여인女人이다

사실, 그녀는 30대 후반의 모某 증권회사 부장部長— 골드미스**이다 가문家門 좋고, 학벌 좋고, 인물 좋고, 몸매 좋고, 돈도 많고, 비전 있고 실로 아름답고 고풍스런 그녀는 뭇 남성들이 모두 선망하는 매혹적인 조건들을 고루 갖춘 능력 있는 커리어 우먼이다

때문에 그녀는 콧대가 아주 높다

그것이 바로 그녀가 지금까지 결혼하지 않고 싱글로 살아가는 가장 결정적인 이유기도 하다

모든 일에 완벽하고
열정적인 그녀지만,

늘 그녀는 혼자였다
늘 마음이 허전했다

그런 그녀의 마음을 일순간에 사로잡은 아주 묘한 마력을 가진 신비스런 찬구가 바로 몬아미(Monami)다

몬아미(Monami)는 서너 해전 부모에게 생일 선물로 받은 귀족풍의 페르시안 고양이다

그녀는 왜 몬아미에게 그리 쉽게 마음을 뺏겼을까?

대학시절, 그녀의 마음을 항상 설레이게 만들었던

첫사랑, W와 함께 감상했던

외화外畵 '천일야화千日夜話' 속의 페르시안 왕자처럼

의젓하고 고풍스런 매력의 몬아미가 늘 좋았다.

몬아미의 늠름하고 매우 품위 있는 걸음걸이와

몬아미가 걷는 발자국과 그림자까지도

모두 사랑했다 몬아미가 곁에 있어도 이내 그리울 만큼

몬아미의 존재는 그리 그녀에게 커다란 위안이 되었다

책을 읽을 때도, 음악을 들을 때도, DVD를 볼 때도, 식사를 할 때에도, 영화관에 갈 때에도,
병원에 갈 때에도, 심지어는 여행을 갈 때에도 늘 그와 함께 동행했다

마치 연인戀人처럼 몬아미(Monami)가 늘 곁에 있어 행복했다

몬아미 역시 하루하루 그녀와의 삶이 너무나도 행복했다 무엇보다 음악을 듣는 일이 가장 행복했다 몬아미(Monami)! 그는 그녀가 즐겨듣는 브람스의 소나타 제2번 제1악장을 가장 좋아했다

몬아미(Monami) 그는 또한 그녀와 함께 유튜브 영상을 통해 페르시안 고양이 답게 페르시안 음악들을 즐겨 들었으며 무척이나 사랑했다

그 옛날, 첫사랑과의 만남이 그녀의 마음을

그렇게 행복하게 하였을까?

리애와 몬아미(Monami)는 江南의 물랭루즈 오피스텔 1004호 투룸에서 둘이 산다

리애, 그녀는 황금빛의 눈을 가진 자신의 검은 고양이 모나미를 끔찍하게 사랑하는 女人이다

　2
　그토록 그녀에게 사랑받던 매우 젊고 총명하고 당당했던 페르시안 고양이 몬아미(Monami)!

　몬이미(Monami)가 싸늘한 주검으로 발견된 것은 어느 추운 겨울 날의 일이었다

　그날따라 아침부터 함박눈이 펑펑 내려 온세상이 설국雪國으로 변하였다 직장에서 일을 하는 내내 창窓밖에서 펼쳐지는 아름다운 은세계銀世界에 도취되어, 마치 무에라도 홀린 사람처럼, 그녀는 거의 정신없이 시간을 보내다가 문득 왠지 모를 불길한 예감이 들었던 것은 왜였을까?

　그녀는 몬아미의 존재가 궁금하여, 일과후에 서둘러서 차를 몰아 귀가했다

　집에 도착해서 보니 전혀 상상하지 못한 현실이

　그녀를 기다렸다

몬아미(Monami)! 그는 석양이 뉘엿뉘엿 지고 있어 붉게 물들은

창窓가의 거실에서

페르시안 카펫 위에 앞발을 가지런히 모은 채로 웅크리고 앉아

편안하게 잠이 든 모습으로

이미 숨져 있었다

비록 오랜 세월은 아니지만 녀석과 매일매일 戀人처럼 함께 지낸 그녀였다 그럼에도 짧은 석별惜別의 인사도 못 나눈 채로 녀석은 그녀의 곁을 영원히 떠나갔다

도대체 왜 죽었을까?

그녀로선 자신을 곁에서 주검의 상태로 발견된 녀석의 갑작스런 사인死因이 몹시 궁금했다
그러나 여러 유능하고 전문적인 수의사들을 만나 물었지만

매우 애석하게도 몬아미(Monami)의 갑작스런 그 죽음은

끝내 원인불명의原因不明의 심장마비 증세라는 결론밖에

들을 수가 없었다

정녕 모든 것이 한갓 꿈이던가?

몬아미(Monami)와의 매일 행복했던 시간들을 떠올리면

실로

마음 아픈 일이었다

그녀는 몬아미(Monami)가 그리울 때는 언제라도 쉬 찾아갈 수 있는 차로 한두 시간 거리의 자신의 고향, A시市 K읍邑의 아름다운 자작나무 숲속 양지바른 안식처에 시신을 묻었다 그리고는 친구와의 죽음을 슬피 애도하며 안타까운 마음으로 다시한번 자신의 가슴 속에 백만 송이 연꽃으로 화장花葬했다

너와 나는 그렇게 작별했지 연인의 행복한 감정으로 헤어졌지

나는 알아차렸네 고양이인 너의 눈 속에서 나도 고양이였음을

너는 내가 죽으면 이 다음 세상으로 안내할 영혼의 친구였음을***

페르시안 검은 고양이, 몬아미(Monami)! 그 친구는 그녀에게 그렇게 구름처럼 나타났다 그렇게 바람처럼 사라졌다

그 옛날, 첫사랑과의 이별이 그녀의 마음을 그렇게 아프게 하였을까?

리애, 그녀는 江南의 물랭루즈 오피스텔 1004호 투룸에서 이제 혼자 산다

리애, 그녀는 황금빛의 눈을 가진 페르시안 검은 고양이 몬아미를 끔찍하게 사랑했던 女人이다

---

*몬어미(Mon ami): 프랑스語로 '나의 친구'라는 의미이다
**골드미스(Gold Miss): 30대 이상 40대 미만 미혼 여성 중 학력이 높고 사회적 경제적 여유를 가지고 있는 계층을 의미하는 새로운 마케팅 용어이다.
***김백겸 시인의 시 「고양이 눈 속의 고양이」 중에서 인용. 일부 개작(改作).

젊은 戀人들을 위한 生의 찬가

불꽃처럼 활활 타오르는
젊은 날의 生의 혁명革命이여! 아름다운 사랑이여!

이 세상에 피어나는
그 어느 꽃들보다

진정 순결하고,
진정 아름다운

파라다이스의 꽃들이여!
에로스*의 꽃들이여!

*에로스(Eros) : 그리스 신화에 나오는 사랑의 신(神). 이성간의 사랑을 뜻하는 말로 로마 신화에서는 아모르 또는 큐피드라고도 함.

青春

타오르는 태양 같은 활화산의 정열이여!
파릇파릇 대지 위에 솟아나는 희망이여!
순수하게 피어나는 샤프란*의 사랑이여!
미래 향해 자라나는 꿈나무의 群像이여!

아아, 설레임의 기쁨이여!
아아, 싱그러운 나날이여!

봄날의 태양은 그래서 더욱 찬란하다
산야의 잎들은 그래서 더욱 푸르르다

젊은이여!
그대들의 청춘은 그래서 더욱 아름답다

*샤프란 : 자주색의 꽃이 피며 붓꽃과(—科 Iridaceae)에 속하는 크로커스의 한 종류로 '청춘의 환희'라는 꽃말을 가진 꽃.

너와 내가 존재하는 것은
- 存在의 理由 1

지금처럼 세상이 고요한 것은
세상의 중심이
우주의 중심이
고요함에 있다

지금처럼 마음이 고독한 것은
마음의 중심이
우주의 중심이
고독함에 있다

지금처럼 그대가 그리운 것은
마음의 중심이
우주의 중심이
그리움에 있다

그리고 너와 내가 존재하는 것은
마음의 중심이
우주의 중심이
사랑 안에 있기 때문이다

천재

밤하늘에 샛별들이 초롱초롱 반짝이며
신비로운 기운이 온 누리에 가득하다

잉태한 이 세상의 여인들은 밤하늘의 별을 보며
한결 같은 마음으로 신에게 기도한다

먼저 세상 떠난
조상들의 은총과 가호가 함께 하길 기원하며

내내 자신들과 그들과의 교감이
태아의 영혼 속에 머물 때까지……

- 잉태한 사람들은 알고 있다

그것은 모든 여인들의 가장 위대한 사랑이요,
죽음보다 숭고한 자신들의 운명이란 것을

그리고
여인들의 염원대로

태어나는 아이들이 모두 천재이길 바라지만
이 세상의 모든 천재들은

그냥 태어나는 것이 아니라
자신들의 生을 위해

1%의 영감과 99% 노력하는* 자들만의
땀의 대가라는 것도

*"천재는 99%의 노력과 1%의 영감으로 만들어진다." : 토머스 에디슨 [Thomas Alva Edison, 1847.2.11 ~ 1931.10.18]의 명언.

지하철 4호선 혜화역의 아침

"오이도 行 열차가 들어오고 있습니다."
"The train for Oido is approaching"

오이도 行 행선지를 알리는 안내 방송이 들리면서
한 대의 지하철이 급히 혜화역의 홈으로 들어선다

시간은 오전 7시30분
가장 바쁜 러시아워!

지하철도 분주하고
사람들도 분주하다

분주하게 움직이는 지하철의 바퀴들과
바퀴들과
바퀴들과
바퀴들과

분주하게 움직이는 사람들의 발자국들
발자국들
발자국들

발자국들

삼백예순다섯 날을 그렇게
매일매일
분주하게
분주하게

지하철을 내리고 오르는 사람들
사람들
사람들
사람들

이내 시루 속의 콩나물들처럼 하나 가득 빽빽하게
지하철에 실려

어디론가 저마다의 행선지로 떠나가는 사람들
사람들
사람들
사람들

혜화역의 아침은 늘 그렇게 부산하다
늘 그렇게 활기차다

승객들의 벗이면서
시민들의 애환이여!

사시사철 젊은이의 人波로 북적대는
대학로의 마로니에 공원 풍경처럼

타오르는 젊음과
연인들의 사랑과
핑크빛의 낭만과
生의 환희로 가득 찬 그곳,

지하철 4호선
혜화역

오늘도 사람들은
저마다의 Utopia를 꿈꾸면서

生의 하루를
활기차게 다시 연다

3부

新興寺의 雪景

몽환적인 운무雲舞의 물결이 태백산을 뒤덮는다

이내

산줄기를 타고 한바탕 춤사위를 펼치더니

사방이 온통 순식간에 함박눈의 은세계銀世界로 바뀌었다

아름다운 석양夕陽의 풍경마저 펑펑 쏟아져 내리는 눈에 가린

신흥사新興寺*의 도량道場**은 더욱 고즈넉한 풍경이다

고찰古刹의 빛바랜 나무문들과 퇴색된 단청들의 침묵 속에

석가불釋迦佛이 무언의 설법으로 들려주는 해탈의 저녁 -

새들은 벌써 안식처를 찾아 모두 숲속으로 날아갔고

경내의 배롱나무 가지에 앉아 미동도 하지 않은 채로

석가모니 불전 대웅전을 향해 참선하는 한 마리의 곤줄박이

묵상默想이, 깊다.

---

*신흥사新興寺 : 강원도 삼척에 있는 신라시대 古刹.
**도량道場 : 부처와 보살이 머무는 신성한 곳. 석가불(釋迦佛)이 처음 보리수 아래에서 성도(成道)한 자리, 곧 보리도량(菩提道場)에서 연유되었다고도 전함.

直指寺[1)]

천 년 세월의 무게 때문인가?
대자대비하신 부처님의 자애로움 때문인가?

신라시대 고찰(古刹)의 경내에 심어 놓은
보리수의 향내음이

황악산의 그 사바와 온누리에 은은하고 그윽하게 퍼져가는
5월 중순(中旬)!

산사(山寺)의
고즈넉한 경치가 더욱 신비롭게 아름다이 느껴지는 저녁풍경!

또한
신비로운 기운이 차고도 넘치어서

중생들과 만물을 제도하니
그곳이 바로 부처님의 세계로다

고구려승 아도화상이 절터를 찾던 중에
손가락을 바로 가리킨 곳에

절을 지어
직지사라 하였으니 이는 부처님의 계시였다

천양지간天壤之間 최상의 깨달음을 얻으셨던
석가모니(釋迦牟尼 kyamuni) 부처님이

대웅전大雄殿의 불상으로 재림하여 지난 1000여 년의 기나긴 세월을
홀로이 가부좌를 하고 앉아

불자佛子들이 경내에서 경배하고
소원을 빌어도 부처님은

매양 그렇게 삼세(三世)의 업장을 녹이는
지혜와 자비로운 미소만

빙그레
지으실 따름

염화시중(拈華示衆) 설법說法으로
청정법신(淸淨法身) 설파하며

색즉시공 공즉시색(色卽是空 空卽是色)

삼백 예순 날을 하루처럼
매양 그렇게

처음부터 끝까지, 한결같이 변함없이
오로지

사바세계(娑婆世界) 중생(衆生)들을 위해
교화(敎化) 중에 있다

1) 직지사(直指寺): 경상북도 김천시 대항면 황악산에 있는 사찰.

緣起*

이것이 있으면 저것이 있고,
이것이 일어나면 저것이 일어난다.
이것이 없으면 저것이 없고,
이것이 소멸하면 저것이 소멸한다.*

이 지구상에 인류의 탄생 이전에도
우주만물宇宙萬物 모두 그러했고,

색즉시공 공즉시색色卽是空 空卽是色

지금에도
그러하다

부처의 열반 이전에도 그 이후에도
삼라만상森羅萬象 모두 그러했고,

색즉시공 공즉시색色卽是空 空卽是色

지금에도
그러하다

다시 이것이 있으면 저것이 있고,
다시 이것이 일어나면 저것이 일어난다.
다시 이것이 없으면 저것이 없고,
다시 이것이 소멸하면 저것이 소멸한다.

구름처럼……
바람처럼……

*緣起 : 불교의 근본 교의의 하나로 인연생기(因緣生起 : 모든 인연은 이어져있고 정해져 있음)의 준말. 모든 현상은 무수한 원인(因:hetu)과 조건(緣:pratyaya)이 상호 관계하여 성립되므로, 독립·자존적인 것은 하나도 없고, 모든 조건과 원인이 없으면 결과(果:phala)도 없다는 설.
**잡아함경(雜阿含經) 13권 335

ㅎ 둘*

강원도 인제군 북면 용대 2리 내설악의 백담계곡

얼음 속의 열목어熱目魚와 송어들을 낚으려고

初老의 낚시꾼이 새벽부터 얼음 위에 구멍 뚫고

낚싯줄을 드리우고 있었지만 찬바람만 쌩쌩 불 뿐,
(열목어이든 송어이든)

고대하는 월척越尺은 못 낚고 종일 ㅎ둘을 낚고 있다

추운 날씨에도 세월의 벽을 마주하고 면벽하며

고승高僧처럼 그 낚시꾼은 지금 참선 중에 있다

색즉시공 공즉시색色卽是空 空卽是色

얼음 속의 고기들은 낚시꾼의 마음을 아는지 모르는지

떡밥은 물지 않고 종일 ㅎ둘만을 입질하고 있다

*흐돌 : '흘러가는 시간'의 옛말.

산은 산이요 물은 물이로다*
- 極樂

서울 시내 스카이라운지의 어느 유명한 고층빌딩 안에 있는
로비 끝의 패밀리 레스토랑 대형大型 수족관의 금잉어들은

유유자적 석양夕陽 속을 날아가는
철새들의 군무群舞처럼

무척이나 여유롭게
무척이나 아름답게

명상하며 유영游泳한다
마치 해탈한 스님 같다

아미타여래불 부처님의 설법이
없음에도

삼백예순다섯 날을 하루같이 백팔번뇌百八煩惱를 잊고 살아가는

선택된 귀족어貴族魚들

산은 산이요 물은 물이로다

수족관의 금잉어들은 그곳 수족관이
바로 우주宇宙다

모든 강과 바다, 연못들과 호수 속의 고기들이 늘상 고달프게 겪고 사는 대홍수와 기근 걱정, 추위 걱정 따윈 전혀 겪지 않고 살아가는

그곳 수족관이 그들에겐
극락極樂[paradises]**이다

*산은 산이요 물은 물이로다 : 성철[性 澈, 1912~1993. 11. 4] 스님이 1981년 대한불교조계종 제7대 종정 취임 법어로 세상 사람들의 눈을 뜨게 한 법어임. 이 말은 송(宋)나라 청원유신(靑原惟信) 선사의 다음의 말을 바탕으로 했다고 알려짐. "노승인 내가 30년 전 아직 선 공부에 들어가지 않았을 때 산은 산이고, 물은 물이었다. 그러나 지식을 쌓아 경지에 이르니 산은 산이 아니고, 물은 물이 아니었다. 하지만 진정 깨달아 휴식처를 얻으니 정녕 산은 산이고, 물은 물이로구나"(老僧 三十年前未參禪時 見山是山 見水是水. 及至後來 親見知識 有個入處 見山不是山 見水不是水. 而今得個休歇處 依前見山只是山 見水只是水).
　호수의 물결이 고요하면 호수위에 구름도 비추고 산도 비춘다. 그런데 호수위에 물결이 일면 제대로 비추지 못한다. 그래서 산도 산이 아니고 물도 물이 아닌게 된다. 마음과 번뇌도 이와 같다.
　성철 스님은 평생 오로지 求道에만 몰입하는 승려로서 파계사(把溪寺)에서 8년동안 장좌불와(長坐不臥) 행한 일화로도 유명함.
　**극락極樂[paradise] : 산스크리트(Saskta)語로 sukhavati, 즉 행

복이 있는 곳이란 말로 모든 것이 원만하고, 생사, 춥고 더움, 근심 걱정 등의 모든 괴로움이 전혀 없는 세계. 아미타불이 지금도 있어 항상 설법하며, 모든 일이 구족하여 즐거움만 있고 괴로움은 전혀 없는 자유롭고 안락한 이상향.

이름도 몰라요 성도 몰라*

하루에도 수만 대의 차량들이 밤낮으로 질주하는
 내부순환도로 종암 램프와 연결된 진입로와 연결된
골목길에 위치한

 서울시 성북구 종암동 124-9번지 소재의 농협 지점과
 넓다란 통로의 길 하나를 서로 사이 좋게 마주하고
있는
 그곳, 서울시 성북구 돈암1동 현대아파트 상가 1층
 후미진 남자 화장실에

 이름도 몰라요 성도 몰라*

 50대의 노숙자가 삼시세끼 동냥밥을 먹고 미치광이
처럼
 마치 제집인양 그곳에서 살았었다.

 마치 행려병자 행색으로 삼시 세끼 동냥밥도 그곳에
서 먹곤
 밤엔 마치 쪽걸상에 걸터 앉아 심지어 자는 채로 참
선한다

그의 행적들을 보면 차라리 미치광이 광인 선승이다.
도덕적 퇴폐가 극에 달한 고모라 세상 탓에 그도 미친 게다

아예 차라리 눈을 감고 세상과의 소통과 모두 단절하고
자신의 그림자를 빼앗긴 사람처럼
햇빛을 보면 그의 꿈과 삶은 자동으로 소멸되며
그림자의 주인과 그림자가 서로 다른 별개의 사람처럼

도심 속의 이방인(異邦人)으로 살아가는
그는,

이름도 몰라요 성도 몰라,

꿈을 잃고 살아가는 그는,
이 시대의 슬픈 보헤미안(Bohemian)

*이름도 몰라요 성도 몰라; 정비석의 소설을 원작으로 6.25 전쟁 이후, 전쟁 미망인들의 사회 진출로 야기된 사회의 부조리와 퇴폐풍조를 그린 영화, 〈자유부인〉의 박신자가 부른 주제가 〈댄서의 순정〉의 첫소절.

■ 스님의 계(戒)를 받지 않아 법명이 없는 이 미치광이 선승(禪僧)은 지난 2012년 구정 설날에 지병으로 그곳 선실(禪室, 화장실)에서 귀천했다.

울릉도의 겨울 바다
 - 同床異夢

벌써 여러 날 째 격랑에 휩싸이고 눈보라가 몰아치는
울릉도의 앞바다는

모든 배의 입출항이 금지되고
갈매기도 간 데 없다

항구에는 여객선의 승객들이
포구에는 어부들이 초조하다

승객들과 어부들의 그 마음을
알 리 없는
모진 눈보라와 깊은 바다 속의 고기들은
태연하다

승객들과
어부들과
고기들은
모두

그 고해苦海의 바다에서 지금
동상이몽同床異夢

무사히 배를 타고 하루빨리 돌아갈 수 있길
기원하는 승객들과
고깃배로
생계를 이어가는 그곳 어민들의 마음은

연일 무심하게 불어대는 세찬 눈바람 때문에
자꾸 더 꽁꽁 얼어붙는다

아아! 을씨년스런
울릉도의 겨울 바다여

달

광활한 우주宇宙 속의
저 달은

황홀하리만치 아름다운 밤하늘의 둥근 저 달은

인류人類의 역사가 시작된 날로부터
지금까지

공수래공수거空手來空手去의
표상이 되었다

달은 모른다
바로 오늘이 있기에 어제가 있었음을

달은 모른다
어제가 있었기에 다시 오늘이 있음을

달은 모른다
오늘이 있었기에 다시 내일이 있음을

달은 모른다
깐깐오월* 미리내에 비친 자신의 붉은 얼굴을

인류人類의 역사가 시작된 날로부터
지금까지

공수래공수거空手來空手去의
표상이 되었다

*깐깐오월 : 해가 길어서 몹시 지루하게 지나가는 한 달

4부

革命
- 獨裁者의 말로 1

1
암컷 사마귀는
아주 잔인하다

섹스(Sex)의 사정射精이 끝나면
수컷 사마귀를 그 자리서 머리부터 발끝까지 씹어 먹는다

사디즘*과 마조히즘**의
사랑이다

무바라크***도
사랑을 했다

암사마귀처럼 국민들의 피를 빨아
사디즘의 쾌락을 만끽했다

이집트의 국민들도
고혈膏血을 빨리는

마조히즘의
사랑을 했다

그렇지만
누가 알았으랴?

혁명革命으로 그 사랑을
배신할 줄을……

2
오리시스****조차
그를 외면했다

---

*사디즘[sadism] : 가학 성애(性愛)

**마조히즘[masochism] : 이성으로부터 육체적 또는 정신적으로 학대를 받고 고통을 받음으로써 성적 만족을 느끼는 병적인 심리상태.

***무바라크[Mubarak, Muhammad Hosni] : 이집트의 정치가(1928~)로 공군 사관학교를 졸업하고 1972년 공군 사령관, 1975년부터 부통령의 재임 중에 1981년 사다트 대통령의 암살로 대통령에 취임.

***오리시스 : 이집트 부활의 神.

매와 포수
- 獨裁者의 말로 2

타고난 사냥꾼인 매란 녀석들의
주특기는 고공낙하高空落下

높은 하늘에서 빙빙 원圓을 그리면서 선회비행하다가도
목표물을 발견하면 수직으로 급강하해 먹이를 낚아챈다

땅 위의 들짐승과 날짐승은 물론, 강물 속의 고기들도
녀석들의 타겟(target)

초정밀 레이더의 두 눈과
초고속 팬텀기의 두 날개

그리고 날카로운 부리와 두 발의 발톱은
녀석들이 가장 자랑하는 심벌(symbol)!

오늘도 위풍당당 한라산의 윗새오름 저 높푸른 창공蒼空을
두 날개를 활짝 펴고 도도하게 날고 있던 한 마리의

늙은 매 -

그곳 하늘에서 오랜 세월 제왕帝王으로 군림君臨했던 놈이건만

어찌해서 점점 다가오는 죽음의 블랙홀을
자신의 레이더로 탐지하지 못한 걸까?

죽음의 그림자가 서서히 자신에게 다가오고 있는 줄도 모른 채
또 다른 먹잇감을 찾고 있던 터다

바로 그 매가 生과 死의 기로에서
비참한 최후를 맞은 것은 그 무렵,

천혜天惠의 그 일대 광활한 사냥터에서 때마침 수렵狩獵을 하던
백발백중百發百中 사격술의 어느 한 노련한 명포수名砲手가

정조준해 방아쇠를 잡아당긴
한 발의 총탄銃彈이

탕! 하는 일성一聲과 함께
총구를 떠나 공중을 향해 날아갔고

그 단 한 발의 총탄이
심장부에 정통으로 명중命中되어

부지불식不知不識 한순간에
지상地上으로 추락墜落!

돌연 섬광閃光처럼 일찰나一刹那*에
놈의 일생이 끝이 났다

帝王의 말로가 한낱 열 근 남짓의 날치** 신세로 전락해
Gun dog***들의 타깃이 되었다

살아있는 곳이 이승이요, 죽고 나면 그곳이 바로 저승이니
이정표만 없을 뿐, 한라산과 북망산은 지척

이 세상에 태어나서 매양 지금껏
오로지 저 자신만의 생生을 위해

그곳 생生의 터전에서
생生을 함께 했던

들쥐들과 꿩들,

숱한 이름 모를 새들, 고라니와 새끼 노루들은 물론,

또 다른 무수히 많은 그 숱한 가련한 생명生命들과
그들의 영혼靈魂과 사상思想까지 무참히도 잡아먹은

그 매도
시간의 먹이가 되어

허공虛空의 뱃속으로
사라졌다

　*一刹那(일찰나) : 산스크리트의 '크샤나', 즉 순간(瞬間)의 음역으로 《아비달마대비바사론(阿毘達磨大毘婆沙論)》 권136에 따르면 1찰나는 75분의 1초(약 0.013초)에 해당하는 실로 아주 짧은 시간.
　**날치 : 사냥꾼이 총으로 쏘아 잡은 새를 일컫는 사냥용어.
　***Gun dog : 사냥꾼이 총으로 쏘아 잡은 새를 주워오도록 훈련받은 개를 일컫는 사냥용어.

이라크 전쟁, 죽은 자는 말이 없다 1

바그다드 밤하늘에 섬광이 번쩍하며 불기둥이 치솟
았다

인류문명 발상지 그 고도古都에 토마호크 미사일*이
투하됐다
일순一瞬, 티그리스江도 유프라테스江도 깊이 비탄에
잠기었다

작전명作戰名은 '이라크의 자유自由'!

독재자 후세인과 살상무기 제거를 명분으로 내세웠
던 연합군의
기습적인 공습空襲으로 21세기의 첫 전쟁은 그리 발
발했다

수고로운 우리의 길이 다하는 날. 프라타너스.
너를 맞아줄 검은 흙이 먼 곳에 따로 있느냐?**

곳곳에서 최신형의 전폭기서 투하되는 스마트 폭탄爆
彈***과

135

모아브(MOAB - Mother Of All Bomb)탄彈**** 폭격爆
擊으로

젊은 여인女人들도, 철모르는 아이들도, 고령高齡의
노인들도

프라타너스 고목古木에서 떨어지는 만추晚秋의 낙엽
들처럼
여기저기 우수수 스러졌다 불귀不歸의 혼魂이 되어 떠
나갔다

그곳 피비린내 나는 전쟁터는 첨단무기 시험장이 되
었다

오랜 세월 폭정으로 국민들을 괴롭혀온 독재자도 나
쁘지만
자신들의 청춘을 바쳐 전쟁의 총알받이가 되어야만
했던
그 병사들은 누굴 위해 무얼 위해 서로 싸우다가 죽
었는가?

그들, 죽은 자는 말이 없다

*토마호크 미사일[Tomahawk Missile] : 미국의 대표적인 크루즈

미사일(순항미사일)로 아메리카 인디언의 전투용 도끼에서 이름을 딴 것임. 이 미사일은 핵 또는 재래식 탄두를 장착할 수 있으며 잠수함·선박·지상배치발사대·항공기 등 여러 곳에서 발사가 가능함. 작은 횡단면과 저공비행으로 레이더로도 탐지가 어려우며 토마호크 장착 터보팬 엔진이 거의 열을 발산하지 않기 때문에 적외선 탐지도 어려움. 토마호크는 1984년 실전 배치됐으며 걸프전이 시작된 1991년 1월17일 처음 사용됨. 당시 모두 2백88기가 발사돼 이라크 대통령궁과 국방부 등 바그다드 내 전략목표물을 명중시키며 정확성을 과시했음. 이후 1993년 1월 비행금지구역 문제로 미국의 對이라크 공습 때, 1998년 아프간내 빈 라덴 캠프 폭격 시, 1999년 나토의 유고 공습 때에도 사용됨. 2001년 10월 미국의 '9.11 테러' 발생 이후 아프가니스탄에 대한 보복공격에 전략형 토마호크 미사일이 사용되었으며, 2003년 3월 이라크 침공도 토마호크 미사일 발사로 시작됨.

**[金顯承, 1913.2.28 ~ 1975.4.11]의 시 『프라타너스』에서 인용.

***스마트 폭탄爆彈 : smart misile이라고도 한다. 목표물을 향해 진로를 유도하는 장치가 부착된 폭탄임. 이 폭탄을 발사하는 비행기는 정확성을 높이기 위해 저공비행을 하거나 급강하할 필요가 없기 때문에 대공포에 맞을 가능성이 훨씬 적음.

****MOAB - (Mother Of All Bomb)탄彈 : 이 폭탄의 정식 명칭은 '공중폭팔 초대형 폭탄'(Massive Ordnance Air Burst)으로 무게는 대략 약 10t임. 살상반경은 350m 이상이며 그 파괴력이 실로 엄청남.

이라크 전쟁, 죽은 자는 말이 없다 2

 연일 전쟁의 중단과 철수를 부르짖던 세계인의 호소를 외면하고
 스텔스 폭격기*와 탱크로 중무장한 연합군의 진군은 계속됐다

 밤낮 없는 공습으로 곳곳의 건물들이 파괴되어 폐허로 변했다

 거기 누구 없소?

 사막에서 전사戰死한 피아彼我의 병사들은 매들의 먹잇감이 되어
 합동으로 조장鳥葬이 치러졌다

 무너진 건물 속과 거리마다 죄 없는 시민들의 시체가 늘어갔고 -
 피난 못간 빈민촌에서는 포탄세례 속에서도 새 생명이 태어났다

 거기 누구 없소?

그 전쟁터로 자식을 내보낸 부모들은 밤마다 뜬눈으로 밤을 지새웠다

거기 누구 없소?

포승줄에 묶인 채 총살형을 당하는 흑두건黑頭巾***의 포로들도,
총알이 빗발치듯 날아오는 그 인간 사냥터에서 연합국의 병사들도,

수구초심首邱初心*** - 고향땅을 그리면서
들풀처럼 사라졌다

거기 누구 없소?

아아, 잔혹한 인간이여!
아아, 참혹한 전쟁이여!

그들, 죽은 자는 말이 없다

*스텔스 폭격기(Stealth 爆擊機) : '보이지 않는 전폭기'로 불리는 레이더파(波)를 거의 반사하지 않는 플라이트(磁性酸化物) 등을 도료에 섞어 항공기나 미사일의 동체에 칠해 적의 레이더파를 흡수, 레이더 영상에 나타나지 않게 하는 최신전자기술의 폭격기임.

**흑두건(黑頭巾) : 미군들이 이라크 포로에게 씌운 눈가리개 두건으로 이는 인권유린 차원에서 제네바 협정의 전쟁포로의 지위와 신변보장법에 위배됨.

  ***수구초심(首邱初心) : 여우가 죽을 때 제가 살던 언덕으로 머리를 둔다는 말로 고향이나 근본을 잊지 않는 것을 일컬음.

原罪
- Persona 2

Eden의 동산에서
선악과善惡果를 따먹고
원죄原罪를 지은
Adam과 Eve는

자신들을 흙으로 빚어 만든 창조주創造主가
가장 두려웠다

그에게서 버림받고 그곳에서 쫓겨나는 것이
두려웠기 때문이다

그들의 후예後裔들은
대대로

자신들의 부모들이 두려웠고
자신들의 자식들이 두려웠고
자신들의 눈이 두려웠고
자신들의 귀가 두려웠고
자신들의 입이 두려웠고

또한
질병들이
맹수들이
폭풍우가
대홍수가
칠흙같이 어둡고 무서운 밤이 두려웠고

무엇보다
자신들의 불확실한 삶과 미래가 두려웠다

아담과 이브의 후예들은
그 모든 두려움이
태초의 원죄原罪에서 비롯되었음을
알고 있다

그렇지만
오늘날엔

신문이 더 무섭고
잡지가 더 무섭고
컴퓨터가 더 무섭고
라디오가 더 무섭고
TV가 더 무섭고

무엇보다
종이 위의 글자들과 그 기계들의 말[言], 말[言], 말[言] 말들이 더 무섭고

또한
자동차가
지하철이
비행기가
전투기가
장갑차가 더 무섭고

무엇보다
인류의 종말을 초래할 수 있는 핵전쟁核戰爭이 더 무섭다

이제
아담과 이브의 후예들은

오늘날의 문명文明이
현대판 원죄原罪임을 알고 있다

雪國

대한민국 수도 서울은, 지금
설국雪國이다

매일매일 계속되는 기습적인 눈폭탄의 투하로 인해
서울 전 지역에 대설주의보 경보가 내려진 가운데

새벽부터 다시 어마하게 눈 폭탄이 계속해서 투하되던
엄동설한嚴冬雪寒 속의 어느 날의 늦저녁,

늘상 북적대던 자동차의 행렬도 이미 자취를 감추었고
사람들도 자신들의 아지트나 피난처로 대피한지 오래

함박눈의 세례가 그치기가 무섭게
해 저문 광화문 네거리의 상공에는

한 마리의 비둘기

두 마리의 비둘기

세 마리의 비둘기

네 마리의 비둘기

다섯 마리의 비둘기

여섯 마리의 비둘기

일곱 마리의 비둘기

여덟 마리의 비둘기

아홉 마리의 비둘기

열 마리의 비둘기

그리고 또 한 마리

그리고 또 한 마리

모두 열두 마리의 비둘기가

편대를 이루어 도심의 빌딩숲을 가로질러
어디선가 나타나서 잠시 선회비행 하더니

이순신 장군의 동상 앞의 보도블록[步道block] 위로
일제히 착륙했다

주변에는 여기저기 온통 눈폭탄의 잔해들뿐,
인간들이 먹다버린 빵조각의 부스러기조차 어디에도 없다

모두 눈 속으로 묻혀버린 초토화된 도시都市,
엄동설한嚴冬雪寒 속의 그런 도시都市에서

그들 비둘기 레지스탕스*들이 찾아야할 피난처는
진정 어디인가?

아아! 이 시대의 시인들은 지금 비둘기들과 같은 신세라네
비둘기들은 혼돈의 시대를 살아가는 모든 시인들의 슬픈 자화상

설국雪國으로 변해버린 서울에서 그들의 피난처는
이제 어디인가?

밤이 깊어지자,
열두 마리 비둘기들은 모두 정처 없이 어디론가 사라졌고

주변이 온통 눈에 덮힌 25時**의 깊은 적막 속에서도
도심 속의 빌딩 숲속 거리들은

　고해상도 전광판과 네온사인들이 다시 소돔과 고모라의 환락으로
　어느새 불야성을 이루고 있었다

　*레지스탕스(resistance) : 저항(抵抗)을 뜻하는 프랑스어(語). 제2차 세계대전 중 나치스 독일에 의하여 점령된 프랑스·덴마크·노르웨이·네덜란드·벨기에·유고슬라비아·체코슬로바키아·그리스·폴란드·소련 등의 유럽 제국(諸國)에서 비합법적으로 전개된 독일에 대한 저항운동 또는 저항군을 뜻함.
　**25時 : 루마니아 작가 C.V.게오르규의 유명한 소설 제목으로 이 시에서는 인간성 부재의 상황과 폐허, 절망의 시간을 표현한 것임.

K교수의 죽음

오랫동안 연락 없던 某 대학 K교수의 갑작스런 죽음은 내게 실로 너무나도 충격적인 사건이 아닐 수가 없다

국내 최고의 명문대학 출신으로, 대학시절 소위, 운동권의 학생으로 활동했던 그는 당시 군부독재와 맞서 민주화 운동에 앞장서서 각종 시위들을 주도했던 인물로 메스컴을 통해 명성이 자자했다

그는 천재라고 불릴 만큼 두뇌가 명석했다 고교시절부터 줄곧 수석의 자리를 놓친 적이 없는 그였기에 세인들이 모두 부러워하던 그 대학에 수석으로 합격한 것도 어찌 보면 그에게는 너무나도 당연한 일이었다

그와 나는 고등학교 시절 교회에서 만난 문학써클 선후배 사이였다 그 시절 그는 서울 지역 여러 학교 학생들로 결성된 그 써클 회장으로 모든 활동을 주도하며 리더십을 발휘했다

우리들은 세계적인 문호들의 작품들에 심취하여 방과 이후에도 종로2가에 있었던 종로학원, 경복학원,

YMCA학원 등을 전전하며 소크라테스와 플라톤, 실낙원失樂園의 밀톤과 데카메론의 보카치오, 바이런[Byron]과 존 키츠[John Keats], 괴테와 톨스토이, 도스토에프스키와 체홉, 알베르 까뮈와 사르트로, 어네스트 헤밍웨이와 헤르만 헷세와 같은 시인들과 소설가들 그리고 철학자들 그들 작품들을 읽은 줄거리를 토론하며 때론 밤을 지새우던 날도 있었다

 나중에야 알았지만 서슬 퍼런 유신정권維新政權 그 시절에 그는 대학진학 이후 금서禁書 제1호 목록이던 마르크스 서적들을 몰래 탐독하곤 했다 그 무렵에 그는 운동권 학생으로 변신하여 활동했고 그 후로는 왠지 모르지만 그와의 연락이 차츰 끊기었다

 몇 년쯤 뒤에 그의 모습을 다시 본 것은
 어느 날 저녁 텔레비전 뉴스에서였다

 탱크를 앞세운 중무장한
 진압군에 맞서

 타는 목마름으로*
 타는 목마름으로

 민주주의民主主義를 외치면서
 시위대의 선두에서 투쟁하던

그가
그를 쫓던 기관원에 의해 체포가 되었다는 것이다

그날 이후, 그의 행적들은 라디오와 TV 뉴스, 그리고 각종 신문들의 사회 1면 Top 뉴스를 장식했다
그는 석방된 뒤에도
대학과 대학원을 졸업하고 모교의 교수가 된 그 이후에도
몇 차례나 감방을 무시로 드나들며 수배자의 신분으로 살았었다

철권으로 통치하던 이 나라의 통치자가 자신의 수하에게 암살당해 새로운 정권이 바뀐 뒤에도 여전히 군부독재가 지속되던 그 무렵
육군 중위였던 나는

국가는 하나인데 각자 두 개의 조국으로 살아야만 했던
그 당시의 현실이

너무 괴로웠다
너무 괴로웠다

다시 몇 년이 흘렀을까?
어느 해의 가을날, 그가 등산을 하던 도중 낭떠러지

에서 실족사로 숨졌다는 보도를 보고

  그 보도를 사실대로 믿을 수가 없었다
  그 사실을 도저히 믿을 수가 없었던 - 그 시절에 나는

  너무 괴로웠다
  너무 괴로웠다

  비보를 접하고
  서둘러서 謀 대학병원 영안실로 그를 찾았지만

  냉동실에 안치되어 싸늘히 식어버린 시신으로 누워 있었을 뿐 -
  그 옛날의 나의 문우文友였던 그는, 영정사진 속의 그는, 없었다

  그에게서 아무런 유언도, 아무런 해명도
  그에게서 그 어떤 말도 들을 수 없었다

  정녕 그는 왜 그렇게 그곳에서 죽은 걸까?
  정녕 그는 왜 그렇게 죽어야만 했던 걸까?

  여러 가지 상념想念들로 인해
  나는

너무 괴로웠다
너무 괴로웠다

누구보다 의협심이 강했던 의인義人이었기에
누구보다 시詩와 문학을 사랑했던 그였기에

누구보다
그 누구보다 조국을 사랑했던 그였기에

그의 주검 앞에
나는

너무 괴로웠다
너무 괴로웠다

그날 이후에도
나는

그 시절의 조국을 생각할 때마다
세상 떠난 그를 생각할 때마다

너무 괴로웠다
너무 괴로웠다

암울했던 그 시절의 조국과 함께 묻힌 그의 墓 앞에서

항상 괴로웠다

*타는 목마름으로 : 1970년대 군사 독재 시절 민주주의에 대한 간절한 염원을 노래한 김지하(金芝河) 시인의 시 「타는 목마름으로」에서 인용.

현대인의 아이러니
– 일명 사이코(psycho)의 도시都市

1막 1장

지금 여러분들에게 소개하는 연극의 무대는
이름 하여 사이코(psycho)의 도시都市

두 개의 해가 뜨며
칸트의 인식론*과 변증법**이 공존하는 그곳

서로 다른 두 얼굴의 사람들은
그 도시에서

이성理性과 비이성非理性의 삶들을
매일매일 연출한다

1막 2장

그들은 이미 지구의 역사 따윈 잊은 지 오래다
지구의 역사를 잊어버린 자신들의 삶 속에서

변명으로 일관된 자신들만의 왜곡된 역사를 새로이 쓰며
　도시의 또 다른 알리바이를 연출한다

　1막 3장

　그 도시는 그들에게 천국인가
　그 도시는 그들에게 지옥인가

　환상적인 꿈의 도시로 탈바꿈을 하다가도
　이내 환락으로 불야성을 이루면서

　점차 사람들은 자신들의 혼魂마저도
　송두리째 망각한다

　그로 인해
　죽은 이상理想의 묘지로 변해간다

　황금빛의 찬란한,
　또 다른

　이상理想의 태양太陽을
　뒤로 하고

*칸트의 인식론 : 인간의 인식의 기원·본질·한계 등을 연구하는 철학의 한 분야로 "인간은 어떻게 알 수 있는가", "안다는 것은 무엇인가", "우리는 무슨 권리로 '안다'고 말할 수 있는가" 등의 문제를 탐구하는 학문.

**칸트의 변증법 : 인간의 이성(理性)이 빠지기 쉬운, 일견 옳은 듯하지만 실은 잘못된 추론(推論), 즉 '선험적 가상(假象)'의 잘못을 폭로하고 비판하는 가상의 논리학(論理學).

5부

앉은부채

어떤 이는 꽃의 생김새가 부처님을 닮아서
앉은 부처에서 앉은부채가 되었다고 하고

또 어떤 이는 꽃이 지면 나오는 푸른 잎이
부채만큼 넓어 앉은부채라고 부른다는 꽃

입춘立春 지나 곰들이 긴 겨울잠에서 깨어나
먹는 풀이라서 곰풀이라고도 부른다는 꽃

2월 중순, 삭풍朔風 불어 잔설이 남아 있는
5억년의 신비로운 환선굴*의 주변 숲에

비천선녀飛天仙女의 옷자락으로 붉게 핀
저 앉은부채 꽃들!

너도나도 향기로운
꽃 내음을 풍기네

겨우내 잠들었던 곰과 오소리, 다람쥐들 어서 일어나
아가위나무 새 순筍을 보라고 기지개를 재촉하네

*환선굴(幻仙窟) : 강원도 삼척시 신기면 대이리에 있는 석회동굴.
천연기념물 제178호.

섬진강에 연어들이 돌아왔다
- 回歸

수십 년간 자취를 감추었던
남해안의 연어들이 섬진강에 돌아왔다

선사시대先史時代 이전부터
섬진강에 존재했던 그들이다

그곳에서
자자손손子子孫孫 삶의 터전으로 살아가던
연어들이
오랜 세월 동안
자신들의 고향을 찾지 않은 것은

인간들이
미웠기 때문이다

무차별의 남획과
댐건설로
수로水路를 막은 것은
인간들의 잘못이다

고향 잃고 태평양 드넓은 바다와 미지未知의 어로魚
路를
떠돌면서
자신들의 고향으로
그 얼마나 돌아가고 싶었을까?

수십 년간 자취를 감추었던
남해안의 연어들이 섬진강에 돌아왔다

그 아주 옛날부터 조상들이 살아왔던
그 강물이 그리워

세월의 여울과
폭포를 뛰어넘어

모천母川으로
회귀回歸했다

구름들
- 人生

높고 푸른 하늘 나그네의 마음처럼 바람 따라 흘러가는
구름들! 저 구름들!

오늘은 빨간색

내일은 주황색

모레는 노란색

글피는 초록색

그 다음날엔 파란색

그 다음날엔 남색

또 그 다음날엔 보라색

또 그 다음날엔 하얀색

빈센트 반 고흐[Vincent van Gogh]가 그린 구름들처럼
클로드 모네[Claude Monet]가 그린 구름들처럼,

이 세상의 모든 화가들이
그린 구름들처럼

구름들은 다채롭게
색깔들이 변화한다

오오 보라, 흰 구름은 다시금 잊혀진 아름다운 노래의 희미한 멜로디처럼 푸른 하늘 저편으로 흘러간다. 기나긴 나그네 길을 통해 방랑과 슬픔과 기쁨을 한껏 맛본 자가 아니고는 저 구름의 마음을 알지 못한다*

오오 보라, 오늘도 나그네의 마음으로 이상향理想鄕을 찾아 하늘 위를 흘러가는
구름들! 저 구름들!

구름들이 꿈을 꾼다
구름들이 춤을 춘다

구름들과 구름들이
라라라라! 라라라라!

생生의 무대, 온누리를 찬란하게 밝혀주는 저 붉은
태양太陽을 찬양한다

아아! 구름들은 이상향理想鄕을 찾아 매일매일
높고 푸른 하늘 위를 속절없이 흘러가네

인간들의 인생人生 또한
저 하늘의 구름 같은 거라네

*헤르만 헷세 [Herman Hesse, 1877~1962] 의 시 「흰 구름」에서 인용.

Don't worry, be happy!
- La La La Song

이 세상을 살아가는 우리들은 정말 행복합니다
라라라

이 세상을 노래하는 우리들은 정말 행복합니다
라라라

이 세상을 사랑하는 우리들은 정말 행복합니다
라라라

이 세상을 찬양하는 우리들은 정말 행복합니다
라라라

우리들은 행복합니다
라라라

우리들은 행복합니다
라라라

아름다운 이 세상을 살아가는

아름다운 이 세상을 노래하는
아름다운 이 세상을 사랑하는
아름다운 이 세상을 찬양하는

우리들은 행복합니다
라라라

우리들은 행복합니다
라라라

Don't worry, be happy!

9월의 소나타

어느 이른 가을날의 오후, 나의 서재에서
라이너 마리아 릴케(Rainer Maria Rilke)의 시집을 읽으면서

나는
깊은 사색으로 빠져든다

그때였다 오래된 낡은 전축에서 들려오는
FM의 아름다운 음악 선율

피터 야블론스키*가 연주하는
브라암스 작곡의 소나타 제2번 작품 2 제1악장—

호숫가의 백조처럼
타오르는 화산처럼

때론 환상적이고도 때론 정열적인 멜로디가
감미롭고 황홀하다

문득 창 너머의 개운산開雲山**을 바라보니

숲속의 나무들도 사색에 잠겨 있다

개운산의 정상 위에 둥실 떠 있는
초가을의 작열하는 태양이

푸르른 하늘의 흰 구름들과 함께
온 누리가 평화로운 오후,

사랑은 어떤 모양으로 내게 왔는가?
빛나는 태양처럼 왔던가?***

한 무리의 빨간 고추잠자리들이
떼를 지어 춤을 추며

퀼트의 무늬처럼
릴케의 연시戀詩처럼

9월의 하늘을 더욱 더 더욱 더
아름답게

사랑으로
수놓았다

*피터 야블론스키 : 천부적인 재능과 정교한 테크닉으로 수많은 팬

을 거느리고 있는 스웨덴 태생의 작곡가인 동시에 대중적인 인기와 비평가들의 찬사를 한 몸에 받고 있는 피아니스트.

**개운산(開雲山) : 서울시 성북구 안암동에 있는 산으로서 안암산·진석산(陳石山)이라고도 함. 개운산은 나라의 운명을 새롭게 열었다는 뜻의 개운사 절이 있어 붙여진 이름.

***릴케의 연시戀詩「사랑에서」에서 인용.

옛살래비* 長位洞**의 연못

나의 유년시절 고향 어귀에서 하늘의 거울처럼 푸르렀던 연못!

수천 년 동안 조상들의 숱한 사연들과 전설들을 간직했던 그곳!

봄이 되면 과수원길 따라 복숭아꽃들 화사하게 피어나던 그곳!

여름 되면 청초한 연꽃들이 이 세상의 그 어느 꽃들보다 아름답게 피어나던 그곳!

초가을날 고추잠자리가 떼를 지어 푸른 하늘을 수놓았던 그곳!

해가 지는 줄 모르고 동무들과 뛰어놀던 무릉도원武陵桃源 그곳!

해마다 가을이면 청령蜻蛉***들의 혼백魂魄****들이 되살아나는 그곳!

나의 기쁨이 잠자리의 날개를 빌려 눈 감고 날아가는 그곳!

　눈을 뜨면 연못이 내 마음 속의 고향임을 깨닫게 하는 그곳!

*옛살래비 : 옛날에 살던 고향이란 뜻의 북쪽 지방 사투리.
**장위동長位洞 : 서울시 성북구 장위동(서울市 城北區 長位洞).
***청령蜻蛉 : 고추잠자리 등의 잠자리目의 모든 곤충.
****혼백魂魄 : 넋.

산소酸素의 고마움에 대하여
- 存在의 理由 2

황량한 사막 길을 횡단할 때 만약 물이 없다면
사람들은 과연 생각만큼 쉽게 횡단할 수 있을까요
그런데도 사람들은 물의 고마움을 잊고 삽니다

모든 주방에서 음식을 요리할 때 만약 소금이 없다면
사람들은 과연 제대로 맛을 낼 수 있을까요
그런데도 사람들은
소금의 고마움을 잊고 삽니다

이 세상의 모든 사람들이 일생을 살아가는 동안 만약
산소가 없다면
사람들은 과연 얼마동안 숨을 쉴 수 있을까요
단 10분의 시간조차
버티기가 힘들고 거의 모두 죽을 것입니다

그처럼 공기중에 산소가 없다면 지구상의 생명체는
그 무엇도 존재할 수 없음에도

산소가 있어 땅 위에서 자유롭게 살아가고 있음에도

사람들은 그 산소의 고마움을 잊고 삽니다

존재의
이유를……

# 6부

2015년 지구 생태계에 대한 나의 견해

달걀이 먼저냐 닭이 먼저냐 혹은 닭이 먼저냐 달걀이 먼저냐
묻는 것은

이제
우문愚問이다

……해와 달과 별과……
그리고 비와 바람, 무지개와 구름……

그리고……
모든 산과 바다

그리고……
강과 호수, 꽃과 나무……

그리고……
Adam과 Eve……그 후예들과 ……그리고 이미 멸종되어 지구상에 없는 전설 속의 시조새와 모아새, 공룡

코리아케라톱스*와 코리아노사우루스**, 맘모스와 中國코끼리, 오록스와 태즈메이니아······

그리고······

현존하는 멧돼지와 돼지, 소와 말, 고양이와 개, 닭과 오리, 양과 염소······코끼리와 하마, 샴악어와 나일악어, 호랑이와 사자, 표범과 치타, 흑곰과 자이언트 팬더, 북극곰과 물범, 기린과 낙타, 늑대와 여우, 버펄로와 코뿔소, 코요테와 하이에나, 구렁이와 아나콘다, 코브라와 꽃뱀, 도롱뇽과 도마뱀, 고릴라와 오랑우탄, 침팬지와 원숭이, 코알라와 나무늘보, 노루와 사슴, 거미와 전갈, 개미와 개미핥기, 그리고 애벌레와 누에고치, 사마귀와 카멜레온······그리고 캥거루와 타조, 독수리와 매, 부엉이와 올빼미, 두루미와 황새, 공작새와 칠면조, 까투리와 장끼, 고니와 백조, 기러기와 원앙, 앵무새와 구관조, 까마귀와 까치, 비둘기와 참새, 비비새와 콩새, 크낙새와 딱다구리, 잠자리와 매미, 메뚜기와 여치, 베짱이와 귀뚜라미, 똥파리와 하루살이······그리고 쥐와 두더쥐, 다람쥐와 날다람쥐, 두꺼비와 참개구리, 맹꽁이와 청개구리······그리고 고래와 상어, 펭귄과 물개, 너구리와 수달, 다랑어와 농어, 오징어와 문어, 전복와 해삼, 고등어와 꽁치, 게와 가재, 가물치와 메기, 연어와 송어, 잉어와 붕어, 퉁가리***와 어름치****, 미꾸리와 모래무지, 송사리와 플랑크톤······

그리고……

Adam과 Eve의 후예들이 만든 최첨단의 컴퓨터와 TV, 카메라와 CCTV, 핸드폰과 스마트폰, 자동차와 로봇, 비행기와 인공위성

그리고……

Adam과 Eve의 그 후예들이 지은 여러 가지 형태의 집과 집들, 아파트와 모든 빌딩……

그리고……
그 모든 삼라만상森羅萬象*****

그 기원起源은
우주宇宙임을

룸비니의 붓다도
예루살렘의 예수도
공자와 맹자도
소크라테스와 아리스토텔레스도
플라톤도
히포크라테스도
천문학자 코페르니쿠스도, 갈릴레오 갈릴레이도
레오나르도 다빈치도
미켈란젤로도
라파엘로도

마네와 모네도
피카소도
아이작 뉴턴(Isaac Newton)도
아인슈타인도
윌리엄 셰익스피어도
괴테도
톨스토이도
존 키츠(John Keats)와 윌리엄 버틀러 예이츠(William Butler Yeats), 셸리와 그리고 헤르만 헷세도

칼 마르크스도 레닌도
독재자 히틀러와 스탈린도 쿠바의 카스트로도

모두
몰랐을 리가 없다

우주는
Adam과 Eve의 그 후예들로 인해

만물의 기원인 그 우주는 지금
히스테리[Hysterie] 상태이다

벌목으로 사라지는 지구의 허파, 아마존의 숲들이여!
밀렵으로 점차 멸종되는 마다가스타르의 희귀 동물들이여!

허리가 두 동강난 민족의 대동맥인 백두대간이여!
4대강의 사업으로 황폐화된 코리아의 그 강들, 강들이여!

'개발開發'이란 이름으로 지구에서 사라져간
산과 들과 숲과 늪과 내와 뻘과 동식물이 대저 얼마인가?

무분별한 정책으로 생태계를 파괴하는 지구상의 모든 인간들이여!
인간만이 살아남는 '고립기(Eremozoic Era)'가 곧 도래한다

달걀이 먼저냐 닭이 먼저냐 혹은 닭이 먼저냐 달걀이 먼저냐
묻는 것은

이제
우문愚問이다

*코리아케라톱스 : 경기도 화성시 전곡항 제방에서 발견된 공룡 화석.(천연기념물 414호)
**코리아노사우루스 : 전남 보성군 비봉리서 발견된 공룡 화석.(천연기념물 418호)
***퉁가리 : 우리나라의 고유종의 메기목 퉁가리과 민물고기.

****어름치 : 1978년 8월 18일 천연기념물 제259호로 지정된 잉어목 잉어과의 민물고기.

*****삼라만상森羅萬象 : 우주 속의 온갖 사물과 현상.

國民들이 부르는 탄식의 노래
- Where is the paradise?

정치인(政治人)에 대한 절망

　파라오의 신전神殿인가? 저 광활한 우주를 다스리는 神이 아닌 또다른 神이 사는 그곳, Blue House! 그곳으로 권력의 구린내를 맡고 날아드는 저 똥파리들 같은 투명인간* 무리들

　고관高官 나리들의 몸통 속에 빌붙어서 사는 저 빈대 같은 무리들

　지상地上의 파라다이스[paradise]**를 기원하며 조국의 평화平和와 번영繁榮의 메시지를 담은 국민國民들이 뽑은 선량들이 민의民意를 모이로 받아먹고 국회의사당 지붕 위나 광장 이곳저곳 안 가리고 아무때나 역겹도록 구린내가 나는 스캔들과 뇌물의 똥을 싸고, 무리지어 패 가르고 쌈박질을 일삼는 저 야누스의 두 얼굴을 가진 비둘기로 둔갑하는 黑과 白의 무리들

　선거철만 되면 새 둥지 터를 찾아 날아가는 저 철새

같은 무리들

특수임무를 띤 낙하산 부대 요원인가? 높고 높은 창공에서 먹잇감을 찾기 위해 빙빙 원圓을 그리면서 선회 비행하다가도 목표물을 발견하면 수직으로 낙하해서 들짐승과 날짐승들 심지어는 江과 바다 속의 물고기들마저 닥치는 대로 마구 잡아먹는 매들 같은 저 무리들

부조리不條理에 대한 절망

지방마다 아방궁의 청사들을 짓고, 그것도 모라라서 나랏돈과 시민들의 세금을 제 돈 쓰듯 펑펑 쓰면서도 정작 나랏일은 뒷전인 좀비族***과 같은 무리들

까치밥으로는 도저히 양量이 안차 도시나 농촌 할 것 없이 과수원만을 골라 습격하여 과일이란 과일들은 모조리 쪼아 먹어 쑥대밭을 만드는 저 까치 떼와 같은 무리들

삶에 지친 서민들의 여린 살을 뚫고 피를 빨아먹는 저 모기 같은 무리들

빈민촌貧民村의 구호 쌀을 야금야금 훔쳐 먹는 저 쥐새끼들 같은 무리들

사회악社會惡에 대한 절망

거미줄의 덫에 걸린 먹잇감의 피를 게걸스레 빨아먹는 저 독거미와 같은 무리들

세렝게티(Serengeti) 초원의 하이에나 족속인가? 남녀노소 막론하고 오고가는 행인들을 잔인하게 물어뜯고 심지어는 살인까지 저지르는 뒷골목의 저 미친개와 같은 무리들

툭하면 도심 속에 출몰하여 저돌적으로 달려들어 무고한 시민들의 생명을 위협하는 저 멧돼지와 같은 무리들

잔뜩 독기어린 눈으로 음식물 쓰레기통들을 파헤치고 다니면서 사람들이 먹다버린 생선뼈의 가시 끝에 달라붙어 있는 작은 살점까지 발라먹는 저 도둑괭이 같은 무리들은

아름다운 산들마다 등산로를 따라 땅과 나무 위를 자유자재로 오르내리면서 귀신들도 속일 만큼 재빠르게 등산객들 음식들을 훔쳐먹는 저 날다람쥐 같은 무리들

또한 그곳 삶터에서 함께 공생하며 살아가는 힘없는 생명들을 무참히도 잡아먹는 저 간교하고 파렴치한 독

사毒蛇들과 같은 무리들

쾌락주의(Hedonism)에 대한 절망

 소돔과 고모라를 방불케 하는 환락街의 가로등불 속으로 목숨 걸고 날아드는 저 불나방들 같은 무리들

 Sex에 몰입하여 연신 교미 춤을 추며 生의 오르가슴을 만끽하는 저 하루살이 같은 무리들

 비위생적인 사회 환경과 병원균에 대한 절망

 비위생적인 젓갈에서 득실대는 저 구더기와 같은 무리들

 매년 유행성 독감을 일으키는 저 악성惡性 인플루엔자와 같은 무리들

 바로 지난 한 해 만 소 14만 8019마리 · 돼지 286만 4984마리 · 닭과 오리까지 345만 마리의 가축들이 도살 처분되고 40만 마리 암소를 도태 시킨 홀로코스트[Holocaust]****를 우리들은 모두 기억한다
　그 구제역을 일으켰던 정말 몹쓸 그 바이러스 같은 무리들

이제 삶이 얼마 남지 않은 시한부 환자들을 더욱 절망
과 고통의 나락으로 빠트리는 그 암세포와 같은 무리들

그대들은 진정
아니 들리는가?

탄식하며 부르는
국민들의 절망의 노래가

   *투명인간[透明人間, The Invisible Man]은 1897년 영국의 작가 H. G. 웰스가 발표한 그의 대표적 SF소설. 인체의 세포에 유리와 같은 빛의 굴절도를 주어서 타인의 눈에 보이지 않게 하는 약품을 발명한 사나이가 자기 육체가 보이지 않게 되는 것을 이용하여 재산과 권력을 잡으려고 온갖 악행을 자행하여 사람들을 괴롭히다 끝내 궁지에 몰려서 죽게 되는 내용.
   **파라다이스[paradise] : 지상낙원(地上樂園).
   ***좀비族 : 서아프리카의 부두(Voodoo)족이 숭배하는 뱀의 신에서 유래된 말로서, 무사안일주의로 살아가는 화이트칼라를 꼬집는 용어이며 대기업이나 거대한 조직에서 무사안일에 빠져 주체성 없이 로봇처럼 행동하는 사람.
   ****홀로코스트[Holocaust] : 제2차 세계대전 중 나치 독일군이 자행한 유대인 대학살. 일반적으로 인간이나 동물을 대량으로 태워 죽이거나 학살하는 행위.

■ 해설

시와 인생의 심연 혹은 시간이라는 폭풍의 심연

김백겸(시인, 웹진 『시인광장』 주간)

문학청년文學靑年 우원호

웹진 『시인광장』 발행인이며 편집인인 우원호 시인의 시집해설을 위해 전편을 통독했다. 그는 내년이면 창간 10주년을 맞는 시인광장 발행인과 편집인으로서는 시단에서 이미 널리 알려졌으나 시인으로서는 과작寡作으로 한해에 5~6편씩 주요 문예지에 간간히 소수의 작품들을 발표하며 다른 시인들보다는 활발하게 작품 활동을 하지 않은 탓에 그 입지가 그리 넓지 않은 것이 사실이다. 때문에 그간 지금까지 문예지를 통해 발표했던 시들을 모아 수록한 시집 『도시 속의 마네킹들』이 시인 우원호를 제대로 알리는 계기가 될 것이다.

우원호 시인은 조부모의 영향으로 비교적 유복한 가

정에서 태어나 문학과 철학과 음악을 사랑하는 문청시절을 보냈다. 1954년생이니 6.25의 휴유증 속에 자란 셈이다. 그는 학창시절부터 시인과 소설가의 삶을 꿈꾸었던 문청文靑으로 시인의 문학 동지였던 친구의 죽음을 소재로 쓴 시에는 문청시절의 이력이 나와 있다.

우리들은 세계적인 문호들의 작품들에 심취하여 방과 이후에도 종로2가에 있었던 종로학원, 경복학원, YMCA학원 등을 전전하며 소크라테스와 플라톤, 실낙원失樂園의 밀턴과 데카메론의 보카치오, 바이런[Byron]과 존 키츠[John Keats], 괴테와 톨스토이, 도스토예프스키와 체홉, 알베르 까뮈와 사르트르, 어니스트 헤밍웨이와 헤르만 헷세와 같은 시인들과 소설가들 그리고 철학자들 그들 작품들을 읽은 줄거리를 토론하며 때론 밤을 지새우던 날도 있었다.
(시 「K교수의 죽음」 중 부분)

시인은 고등학교시절 교회의 문학 서클에서 대학시절에 이어지는 시기에 일제 시대의 지주집안의 문인들처럼 문학에 대한 감수성을 키우는 코스를 밟았다. 우리나라 문화의 첨단인 서울 본토박이로서 문화혜택을 누린 시인은 문학 동지였던 친구가 군부독재軍部獨裁 그 시절에 마르크스서적을 읽으며 운동권에 투신하면서 혼란을 겪는다. 천성이 낭만적이면서 딜레땅뜨의 면모를 가진 우원호 시인은 현실의 투쟁에는 직접 나서지 못하지만 부당한 현실에 대한 관심은 친구의 사건과 죽음을 계기로 그 후로도 이어져 현실참여적인 시편을 적지 않게 선보인다.

철권으로 통치하던 이 나라의 통치자가 자신의 수하에게
암살당해 새로운 정권이 바뀐 뒤에도 여전히 군부 독재가 지
속되던 그 무렵
　육군 중위였던 나는

국가는 하나인데 각자 두 개의 조국으로 살아야만 했던

그 당시의 현실이

너무 괴로웠다
너무 괴로웠다
(시 「K교수의 죽음」 중 부분)

리얼리즘 시들

　문학이나 철학의 이상과는 달리 현실은 인간의 욕망과 공격성이 투쟁으로 나타나는 아비규환의 세계이다. 홉즈는 그의 대표작 『리바이어던』에서 만인의 만인에 대한 투쟁을 말한다. 현실세계는 작게는 젊은이들이 겪는 교육경쟁에서부터 취업전쟁까지 크게는 나라와 나라가 이익의 패권을 다투는 전쟁까지 피의 역사로 점철된다. 휴머니스트로서의 우원호 시인은 이러한 인간의 살인과 투쟁에 대해 가슴 아파하는 시를 쓰고 있다. 다음 시는 부시정권의 미국이 이라크 전쟁에서 가한 참혹

한 장면을 그리고 있다.

  곳곳에서 최신형의 전폭기서 투하되는 스마트 폭탄爆彈과
모아브(MOAB - Mother Of All Bomb)탄彈 폭격爆擊으로

  젊은 여인女人들도, 철모르는 아이들도, 고령高齡의 노인들도

  프라타너스 고목古木에서 떨어지는 만추晩秋의 낙엽들처럼
  여기저기 우수수 스러졌다 불귀不歸의 혼魂이 되어 떠나갔다

  그곳 피비린내 나는 전쟁터는 첨단무기 시험장이 되었다
  (시 「이라크 전쟁, 죽은 자는 말이 없다 1」 중 부분)

  포승줄에 묶인 채 총살형을 당하는 흑두건黑頭巾의 포로들도,
  총알이 빗발치듯 날아오는 그 인간 사냥터서 연합국의 병사들도,
  수구초심首邱初心 - 고향땅을 그리면서 들풀처럼 사라졌다

  거기 누구 없소?

  아아, 잔혹한 인간이여!
  아아, 참혹한 전쟁이여!

그들, 죽은 자는 말이 없다
(시 「이라크 전쟁, 죽은 자는 말이 없다 2」 중 부분)

인용한 작품만 보아서는 우원호 시인은 현실문제에 관심이 많은 리얼리즘 시인 같기도 하다. 시인들은 보통 청소년기에 서정시로 입문해서 학교졸업 후 사회에 나와 이상과는 다른 사회현실에 부딪히면서 리얼리즘에 경도되는 수가 많다. 본성이 낭만적인 경향인 그가 이런 리얼리즘시를 쓰는 이유는 나와 마찬가지로 대학 때 유신을 겪고 그리고 이어지는 군사정권의 5·18을 겪은 70년대 학번들의 세대이기 때문이다. 80년대 문단을 나온 사람들은 민중시 계열의 시적인 창작들이 쏟아져 나온 당대의 문학상황에 직간접적으로 놓여있다. 당시의 시인들은 자연스럽게 리얼리즘 시들을 수용하던가 혹은 모더니즘시를 쓰면서도 리얼리즘의 시들을 의식해야 했다.

리얼real이란 무엇인가. 사물의 실재성(reality)을 주장하는 입장이니 초현실과 이상에 대해서는 현실을, 주관에 대해서는 객관을, 내향inroversion에 대해서는 외향extraversion을 주장을 하는데 여러 입장의 리얼리즘에서 한국에서는 주로 현실 정치상황과 관련 실천적 리얼리즘이 각광을 받은 바 있다. 한때 루카치 이론에 의한 사회적 리얼리즘을 추종하는 예술가들의 주장도 있었으나 공산권의 붕괴 이후 리얼리즘은 자본주의에 저항하거나 인류의 생명을 위협하는 환경문제, 약소국가의 피폐한 삶을 고발하는 휴머니즘으로 다양화 되었다. 우원호 시인은 언급한 시편들에서 개인의 생명을 위협하는 국가권력을 고발하고 무고한 생명을 죽이는 전쟁을 고발하면서 그 참상을 드러낸다.

> 그 옛날에 고려국高麗國을 침략했던 몽고군의 기세로
> 순식간에 한반도를 포위했다
>
> 시야조차 가로막는 검붉은 흙먼지와 안개까지 동반한
> 그 軍團의 행렬은 도무지 끝이 없어 보였고
>
> 사람들은 그 장대함에 놀라
> 다들 바짝 긴장했다
> (시「黃砂」중 부분)

시인 우원호는 황사黃砂를 우리나라를 침공하는 외침에 빗대어 긴 시를 썼다. 이 시에 동원된 외침의 역사적 사건으로는 몽고군의 고려정벌과 러시아와 중국의 세력을 뒤에 업은 북한의 6.25 남침사건이다. 기상은 통상 한냉전선과 온난전선이 그 세력을 넓히고 밀리는 각축에 의해 장마와 눈과 비바람이 한반도에 영향을 미친다. 기상은 그 변화무쌍한 모습을 '전선戰線'의 형태로 드러내고 이런 수사적 알레고리는 시인으로 하여금 황사黃砂로 고통받는 한국을 전쟁으로 고통받는 역사적 사실에 병치시켜 양자의 스토리가 서로 간섭하는 형태로 이끈다.

화자는 '노도怒濤처럼/거침없이 남하를 계속하던 그들의 대이동은/연합군측 기단氣團의 총공세로,/지지멸렬 와해되기 시작하여'라는 표현으로 남쪽의 해양세력이 북쪽의 대륙세력을 물리치는 희망적 상황을 묘사한다. 과거의 역사가 미래의 역사에 간섭하기를 바라는 시적 표현이지만 자연 혹은 인간의 문명은 그 스스로의 목적이 없다. 모두 자연의 힘과 자연의 에너지에 기댄 인간문명의 영고성쇠가 만드는 이합집산의 힘의 균형에 따라 기상과 영토의 지도가 변전한다.

우리나라는 지정학적 특수성 때문에 중국과 러시아의 대륙세력과 일본과 미국의 해양세력이 충돌하는 지역이다. 정치적인 불안과 고통, 전쟁의 위협에 노출된 우리나라는 항상 전선戰線의 긴장을 만들어 왔다. 이런 긴장은 겨울의 극한과 여름의 극서가 점차 심해가는 지금시대의 기상이변과 남북의 긴장상태가 점점 고조되는 현 사태를 이중으로 암시하고 있기도 하다. 「황사黃砂」는 이런 사회적 상황을 독자들에게 경고하고 있어서 시의적으로 적절한 알레고리와 긴장을 보여준다.

마술적 리얼리즘

우원호 시인의 시선은 사회적 현실의 문제에서 보다 다른 시각의 리얼한 작품도 보여준다. 환상과 결합한 리얼리즘이 그것이다. 라틴 아메리카 작가 보르헤스와 마르케스는 꿈과 신화에서 끌어낸 요소들을 현실과 결합한 마술적 리얼리즘을 전개한 바 있다. 이러한 경향의 시나 소설은 미학적 관점에서는 더 화려한 표현으로 현실을 드러낼 수 있는 장점이 있다. 우시인의「페르시안 고양이와 백만 송이 연꽃」이라는 시는 마술적 리얼리즘의 기법을 사용했다 할 수 있는 독특한 작품이다.

이 작품의 화자는 골드미스인 '리애'라는 노처녀와 황금빛 눈을 가진 검은 고양이 몬 아미다. '리애李愛'와 '몬 아미mon ami'의 묘사를 보자.

> 그녀는 30대 후반의 모某 증권회사 부장部長으로 골드미스이다 가문家門 좋고, 학벌 좋고, 인물 좋고, 몸매 좋고, 돈도 많고, 비전 있고 실로 아름답고 고풍스런 그녀는 그야말로 뭇 남성들이 모두 선망하는 매혹적인 조건들을 고루 갖춘 능력 있는 커리어우먼이다
> (중략)
> 그런 그녀의 마음을 일순간에 사로잡은 아주 묘한 마력을 가진 신비스런 녀석이 몬 아미(Mon ami)다.
> (시「페르시안 고양이와 백만송이 연꽃」중 일부)

시의 인물묘사는 서울 강남의 골드미스의 현실을 그대로 드러낸다. 그리고 선물로 받은 페르시안 고양이 '몬 아미mon ami'도 현실의 고양이다. 그러나 시인은 이 고양이가 '천일야화千日夜話' 속의 페르시안 왕자처럼 의젓하고 고풍스런 매력의 녀석'이라고 묘사하고 있다. '리애李愛'가 현실의 고양이를 신화속의 인물과 동

일시하는 순간 '리애李愛'의 내면에는 아니무스animus 인 초월적인 존재가 자리 잡게 된다. 즉 시속의 화자 '리애李愛'는 현실의 시간과 환상의 시간이 같이하는 삶을 살고 있다.

그래서 '몬 아미mon ami'는 '리애李愛'에게 다음과 같이 중요한 생활 파트너로 자리 잡는다.

> 책을 읽을 때도, 음악을 들을 때도, DVD를 볼 때도, 식사를 할 때에도, 영화관에 갈 때에도, 병원에 갈 때에도, 심지어는 여행을 갈 때에도 늘 몬 아미와 함께 동행했다. 마치 연인戀人처럼 몬 아미가 늘 곁에 있어 행복했다.
> (중략)
> 그 옛날, 첫사랑과의 만남이 그녀의 마음을 그렇게 행복하게 하였을까?
> (시 「페르시안 고양이와 백만 송이 연꽃」 중 일부)

그러나 시의 스토리는 고양이 '몬 아미mon ami'가 심장마비로 죽으면서 '리애李愛'가 슬퍼하는 장면으로 전개된다.

> 그녀는 몬 아미가 그리울 때는 언제라도 쉬 찾아갈 수 있는 차로 한두 시간 거리의 자신의 고향, A시市 K읍邑의 아름다운 자작나무 숲속 양지바른 안식처에 시신을 묻었다 그리고는 몬 아미의 죽음을 슬피 애도하며 안타까운 마음으로 다시 한번 자신의 가슴 속에 백만 송이 연꽃으로 화장花葬했다
> (시 「페르시안 고양이와 백만 송이 연꽃」 중 일부)

우원호 시인이 시속에서 위 주인공들을 창조해서 말하고 싶었던 것은 무엇일까. 시의 주제와 인물들은 작가의 욕망과 환상이 투사된 존재들이니 결국 이 작품은 우원호 시인이자 '리애李愛'이자 고양이가 서로를 뫼비우스의 띠처럼 존재의 환상구조로 드러내고 있다. 사실상은 하나의 존재이지만 서울의 현실에 사 는 우원호 시인, 시속의 현실인물 '리애李愛', 시속의 현실 고양이지만 리애李愛의 아니무스animus이자 우원호 시인의 대리 환상인 '몬 아미mon ami'가 3중의 연쇄 구조로 변주되고 있는 모습을 볼 수 있다.

이러한 구체적인 현실과 신화 속의 존재가 현실시간과 초월시간에 같이 거주하는 문학, 환상과 꿈의 경계가 모호한 몽환적이고 이상야릇한 이야기 구조와 마술적 리얼리즘magic reallism이다. 이 시집에서 독특한 위치의 작품이다.

'몽중몽夢中夢'이라는 모티브motif

시인이란 그가 리얼리즘의 시를 쓰고 있다하더라도 결국은 자신의 환상을 이야기 하는 사람이다. 독재정권에 대항하는 현실의 이야기라도 시의 언어로 이루어진 새로운 시간과 공간속의 이야기이기 때문이다. 기본적으로 「스타크래프트」나 「반지의 제왕」같은 가상게임의 시간과 다를 바 없다. 우원호 시인이 평생토록 시를 추구하고 사랑하는 하는 것은 결국 그의 꿈이다. 그러한 시의 꿈이 잘 드러난 작품이 있다.

문학청년 시절, 문학 써클 「깃발」의 일원이던 그는 누구보다 자유와 평화를 사랑했던 시인 라빈드라나드 타고르와 헤르만 헷세의 시에 크게 매료되어 훗날 시인이 되겠다는 꿈을 꾸던
　그런 시절도 있었다

　플라톤[Platon]의 〈국가론〉을 읽고 정치가와 사상가의 꿈을 꾸기도 했고
　마크로 폴로의 〈동방견문록〉을 읽고 나서 여행가의 꿈을 꾸기도 했고
　찰스 다아윈의 〈종의 기원〉을 읽고 과학자의 꿈을 꾸기도 했고
　니체의 〈짜라투스트라는 이렇게 말했다〉를 읽고 철학자의 꿈을 꾸기도 했다
　(시 「꿈-回想」 중 일부)

　문학적 모티브motif란 인간의 문화와 역사가 있는 한 영원히 되풀이 된다. 사랑과 죽음, 유토피아의 환상과 실낙원의 고통, 아니마와 아니무스에 대한 환상 등 인간의 존재와 문화구조에 의해 계속해서 되풀이 되는 이야기들이 있다. 세대가 변할지라도 그 패션이 달라질 뿐 모티브motif는 계속해서 되풀이 된다. 문학청년들은 과거세대의 작가들이 말하는 사랑이야기와 영웅담, 그리고 사유의 지평을 전개하는 방식을 학습해서 자신의 인생스토리 속에 자신의 패션으로 재창조한다.
　우원호 시인은 고등학교 문학 써클 「깃발」의 일원으

로서 타고르와 헤세에 경도되고 플라톤과 마르코 폴로, 다윈과 니체를 읽으며 문청의 꿈을 키웠다고 고백한다. 그러나 이러한 행위는 시 제목「꿈-回想」이 말하는 것처럼 인생의 꿈에서 다시 작품의 꿈을 읽는 행위이다. '몽중몽夢中夢'이라는 모티프motif는 동양과 서양의 여러 신화와 작품 속에서 되풀이 되는 주제이다

결국 꿈을 꾸는 자는 모두 시인이다. 그러므로 밤마다 수면 중의 꿈을 꾸며 그것도 부족해 대낮의 일상시간에도 백일몽을 놓지 못하는 사람은 어떤 의미로는 모두 시인이다. 그렇지만 실제 현실에서는 이러한 꿈을 언어와 음정, 색채의 기표로 드러내는 훈련을 받은 자가 예술가가 된다. 그 훈련은 대부분의 경우 선배 작가들이 창작한 기존의 작품 속에서 이루어진다.

그의 바람대로 이미 오래전에
시인詩人되어

꿈만 같은 세월들이 덧없이 흘러버린
어느 날

문학청년 시절부터 탐독했던 괴테, 빅토르 위고, 존 키츠(John Keats), 보들레르, 바이런, 쉘리, 타고르와 헤르만 헷세, 파블로 네루다, 체게바라, 卍海 한용운, 이상(李箱), 백석(白石), 정지용, 윤동주, 이육사, 유치환, 김광균, 김수영, 박인환 시집 등과 기형도, 최문자, 김백겸, 나희덕, 문태준, 박형준, 김선우, 정끝별, 김경주, 황병승, 이원, 김이듬, 김행

숙, 이장욱, 심보선, 조동범, 최금진, 박진성, 송종규, 류인서 시집 외에 국내외의 이루 셀 수 없을 만큼의 많은 시인들의 시집들이 책장마다 가득 꽂혀있는
  그의 서재에서

  벽에 걸린 모나리자 그림을 마주하고
  파가니니 바이올린 협주곡 4번 라단조 작품 60을 들으면서

  꿈보다도 아름답고
  꿈보다도 소중했던

  지난날을
  회상하며

  「꿈」(副題 : 回想)이라는 제목으로
  회고시回顧詩를 쓰고 있다
  (시「꿈-回想」중 일부)

 우원호 시인은 꿈의 행위인 시가 과거 선배들의 꿈인 창작품을 통해서 꿈을 열망하는 이루어졌음을 고백하고 있다. 추억의 아름다움이 현실을 능가하기에 그는 "꿈보다도 아름답고/꿈보다도 소중했던//지난날"을 이 시에서 드러내고 있다.
 "벽에 걸린 모나리자 그림"과 "파가니니 바이올린 협주곡 4번 라단조 작품 60"은 예술가의 심상에서 창조된 이미지이다. 왜 인간은 자연이라는 현실보다 예술가의 환상과 꿈이 창조한 이미지에 마음이 더 끌리는 것

일까. 플라톤의 재현이론은 일단 이미지(기표)란 자연의 복사이긴 하지만 현실을 대리(기의)하고 지시한다고 말한다. 예술가에 의해 창조된 이미지는 메시지를 전달할 뿐만 아니라 인간의 감정과 욕망과 의지를 불러오는 살아 있는 구제물처럼 작용한다. 마치 '사과apple'라는 언어가 인간의 인식에 붉은 색깔과 향기를 가진 실제의 사과처럼 작용하는 것과 같다. 인간의 언어는 인간의 무의식 즉 꿈의 욕망에서 의식의 수면 위로 꽃처럼 피어난 기표다. 기호세계로 구성된 인간의 문화권 내에서는 예술작품의 기표들은 마치 살아있는 현실처럼 작용한다.

그의 아름다운 추억은 현실의 시점에서는 예술작품의 기표처럼 작용한다. 과거에 현실의 경험이었지만 무의식의 기억으로 전환되면서 꿈과 환상의 옷을 입고 있기 때문이다. 그러기에 그의 추억은 "벽에 걸린 모나리자 그림"과 "파가니니 바이올린 협주곡 4번 라단조 작품 60"같은 예술기표와 등가물이기에 시 「꿈-回想」으로 창작되고 있다고 이 시는 말한다.

밈meme의 예술 공간

밈meme이란 유전자와 마찬가지로 '모방 등 비유전적 방법으로 전달된다고 생각되는 문화의 요소'이다. 진화생물학자 리차드 도킨스와 수전 블랙모어에 의해

도입된 개념인데 인간의 문화는 모두 인간의 심리에 의해 모방되고 전달된다는 개념이다. 이 입장은 문화적 생명력을 가진 밈meme이 주체이고 인간의 심리는 그 숙주라는 생각이 들어가 있다. 진화생물학자들이 유전자gene이 주체이고 인간의 몸은 유전자gene의 표현형이라고 생각하는 것과 같다. 이런 입장의 시각에서 다음 시를 들여다보면 이해가 더 빠르리라 생각한다.

    그는 매일
    그의 슈퍼 울트라級 초대형 용량의 유토피아(Utopia) 서버를 통해
    그곳 크로마키 기법이 동원된 최첨단의 멀티 터치스크린 시스템의 그 공간에서
    창조주創造主와 Adam과 Eve는 물론,
    4대 성인聖人들과

    문학과
    음악과
    미술과
    종교와
    철학 등에 위대한 업적을 남긴
    평소 그가 존경하는 역사 속의 다양한 인물들을 만나

    다자간의 대화 또는
    독대하는 형식으로

    매우 유익하고 의미있는

대화를 지속하고 있다
    (시 「뇌腦」 중 일부)

 보통 인간의 뇌는 컴퓨터와 비교된다. 컴퓨터와 마찬가지로 감각이라는 데이터의 input이 있고 신경세포의 연합이라는 cpu가 있으며 행동과 표현이라는 output이 있다. 상호적응한 문화적 요소의 복합체인 밈플렉스 memeplex로서의 아이디어와 예술표현은 인간의 심리적 공간을 장악한 후 세대를 걸쳐 전승된다. 지금의 인터넷 정보환경에서는 그 문화적 내용이 비교우위를 가진 우성이라면 공간적으로도 순식간에 바이러스처럼 번진다.

 시 「뇌腦」는 "창조주創造主를 비롯하여 그가 창조해낸 Adam과 Eve는 물론,/4대 성인聖人들과/ 문학과/ 음악과/ 미술과/ 종교와/ 철학"이 모두 "슈퍼 울트라級 초대형 용량의 유토피아(Utopia) 서버"인 뇌腦 속에서 이루어지고 있다고 진술한다.

 밈meme이론의 입장에서는 인간이 발명한 '문학과 음악과 미술과 종교와 철학'이 우원호 시인의 뇌에 바이러스처럼 침투한 후 우원호 시인의 뇌를 장악해서 그가 자신의 심리적 공간에서 재현된 "창조주創造主"와 "Adam과 Eve"와 "4대 성인聖人"들과 대화하도록 하고 있다. 시 「뇌腦」는 마치 인류의 심원한 생각인 문화적 내용들이 우원호 시인의 뇌라는 영사기를 통해 홀로그램처럼 자신을 표현하고 독자들은 문화적 영상을 본다는 알레고리를 품고 있어서 흥미롭다.

  수잔 블랙모어는 "자아는 거대한 밈플렉스memeplex이다. 아마 그 어떤 밈플렉스memeplex보다 교묘하고 침투성이 강한 밈플렉스memeplex일 것이다. 이것이 자아복합체selfplex이다. 자아복합체selfplex는 그 속에 든 밈meme들이 우리를 설득하여 제 확산을 위해 일하도록 만든다."고 말한다. 우원호 시인의 시는 무의식적인 통찰이긴 하지만 수잔 블랙모어의 급진적인 생각을 다음과 같이 대변한다.

    그의 뇌는 3차원 입체공간이다
    세상에는 존재하지 않는 가상세계를 알처럼 품고 있다

    매일매일 그곳에서
    이십만 개의 생각의 새들이 부화한다
    (시 「뇌腦」 중 일부)

염화시중拈花示衆과 청정법신淸淨法身

  인간의 마음을 밈플렉스memeplex의 공간으로 보는 뇌 심리학적인 견해도 있지만 불가의 이론은 백팔번뇌가 불타는 망상의 공간이라 말한다. 최근의 뇌 과학자들은 인간의 의식을 개체가 환경과의 상호작용에 의해 만들어가는 일종의 시스템으로 간주한다. 인간 의식이란 필요에 의해 진화한 결과일 뿐, 세상을 이해하는 만능 도구가 아니라는 이야기다. 의식에 관한 불가의 더 깊은 해석은 유식학파의 아뢰야식阿賴耶識으로 이어진다. 현대 심리학의 심층심리에 해당하는 이 의식은 개체의 카르마가 저장되는 습장習藏으로서 연기緣起에 의해 다음 존재형태를 결정하는 윤회의 종자種子로 본다. 개체의 생사와 존재에 대한 물음은 누구에게나 어려운 문제이다.

이번 시집『도시 속의 마네킹들』의 전체 시편들을 살펴보면 그의 많은 시가 불교적인 색채가 매우 짙은 것을 알 수 있다. 그것은 한때 그가 크리스천이었지만 붓다와 심오한 불교철학에도 일찍부터 깊은 관심을 갖고 관련된 서적들을 탐독했던 것에 많은 영향을 받은 때문이다.

뿐만 아니라, "저 광활한 우주 속에 나는 왜 태어났으며 도대체 나는 무엇이며 왜 사는가? 어떻게 사는 것이 가장 올바르고 인간다운 삶을 사는 것인가?"하는 성찰의 삶을 살기 위해 부단하게 자문하며 청년시절을 보내다가 약관弱冠의 나이였던 지난 1974년 대학 2학년 때 1학기를 마치고 평소 붓다[buddha]의 삶을 동경했던 그가 불법佛法에 대한 의문이 계속되어 다니던 학교까지 과감하게 중퇴하고 태어나서 자란 서울에서 가족 몰래 돌연 자취를 감추고 김천 소재 황악산黃嶽山의 직지사直指寺로 입산해서 두세 달의 짧은 기간 동안 수행했던 적도 있다고 한다. 그때의 체험이 다음과 같이 형상화가 된 시편이 있다.

천 년 세월의 무게 때문인가?
대자대비하신 부처님의 자애로움 때문인가?

신라시대 고찰(古刹)의 경내에 심어 놓은
보리수의 향내음이

황악산의 그 사바와 온누리에 은은하고 그윽하게 퍼져가는
5월 중순(中旬)!

산사(山寺)의
고즈넉한 경치가 더욱 신비롭게 아름다이 느껴지는 저녁 풍경!

또한
신비로운 기운이 차고도 넘치어서

중생들과 만물을 제도하니
그곳이 바로 부처님의 세계로다

고구려승 아도화상이 절터를 찾던 중에
손가락을 바로 가리킨 곳에

절을 지어
직지사라 하였으니 이는 부처님의 계시였다
(시 「直指寺」 중 일부)

"염화시중拈花示衆"과의 "청정법신淸淨法身"이란 선불

교와 화엄철학의 중요개념이다. 석가가 꽃 한 송이를 들어 설법했을 때 가섭만이 이해하고 빙긋 웃었다는 고사, '염화시중拈花示衆'은 『대범천왕문불결의경大梵天王問佛決疑經』이 출처라 한다. 이 경전은 중국의 선종이 전래된 인도불교에 대해 정통성을 주장하기 위해 만들어진 경전이라는 학설도 있지만 극동의 불교에서는 금과 옥조의 상징이 되었다. '청정법신淸淨法身'도 비로자나불의 깨달음이 십방세계를 물들이고 있는 우주 상태를 묘사한 말로 대승불교인 화엄철학의 장엄한 상태를 묘사한다.

우원호 시인은 상징체로서의 절에 안치된 부처가 "불자佛子들이 경배하고 소원을 빌어도 삼세三世의 업장을 녹이는 지혜와 진리와 자비의 미소로"라고 표현했다. 부처는 신도들의 소원에 특별한 관심을 가진 기복 불교의 전능자가 아니라 모든 욕망을 초월한 깨달은 자이니 시인인 그가 보기에 부처는 그저 미소만 짓는 존재이다. 실제로 절에 가보면 부처들은 미소를 짓고 있다. 그 미소가 선불교가 주장하는 '염화시중拈花示衆의 미소'인지는 불학을 공부하는 후인들에게 영원한 화두를 던지는 문제이겠지만.

비트겐슈타인의 명제를 시 제목으로 삼은 시 「말할 수 없는 것에 대하여는 침묵하여야 한다」에서는 "나와 너의 조상들과 후손들도/모두//과거와 현재와 그리고/미래를 이어주는//우주宇宙 속의/행성行星이란 것을…… //끊임없이 돌고 돌며/윤회輪廻하고 있는//행성

行星……/행성行星……"이라는 표현도 있다. 인간존재를 우주의 별들과 대응하는 존재로 보고 별들의 운행과 인간의 존재윤회를 환유換喩로 표현해서 두 사건의 인접효과를 노리고 있다. 그의 사유를 엿보게 하는 작품들이다.

꿈의 귀환

이 시집에는 우원호 시인의 현실과 역사의식을 주제로 한 장시들이 있다. 앞서 언급한 「이라크 전쟁, 죽은 자는 말이 없다 1·2」외에도 생태계에 대한 우려인 「2015년 지구 생태계에 대한 나의 견해」.정치에 대한 냉소인 「국민들이 부르는 탄식의 노래」, 일본군국주의 대한 비판인 「다큐멘터리, 일본 역사의 진실」이 그것이다. 김우창은 『궁핍한 시대의 시인』에서 현실에 절망한 시인들이 취할 수 있는 태도로서 현실에 저항하거나 초월하는 길을 언급한 바 있다, 이 언술의 전거는 릴케의 「즉흥시」에 대한 하이데거의 해석에서 왔다.

하이데거는 "궁핍한 시대에는 세계의 '심연'에 도달해서 궁핍한 시대로부터 인간들이 고향과 같은 장소로 전향할 길을 마련해 주는 자이며, 시인의 사명은 이러한 역할을 하는 것이다."라고 말한다.

이런 관점에서 그의 현실인식의 시들은 '세계의 심연'에 이르기 위한 시인의 고통스런 생각에서 나온 것이다. 그러나 필자의 입장은 그가 다른 시편들에서 보여준 두 번째 길 현실을 초월하는 시들에게 눈길을 주고 싶다.

　오오 보라, 흰 구름은 다시금 잊혀진 아름다운 노래의 희미한 멜로디처럼 푸른 하늘 저편으로 흘러간다. 기나긴 나그네 길을 통해 방랑과 슬픔과 기쁨을 한껏 맛본 자가 아니고는 저 구름의 마음을 알지 못한다

　오오 보라, 오늘도 나그네의 마음으로 이상향理想鄕을 찾아 하늘 위를 흘러가는
　구름들! 저 구름들!

　구름들이 꿈을 꾼다
　구름들이 춤을 춘다

　구름들과 구름들이
　라라라라! 라라라라!

　생生의 무대 위를 찬란하게 밝혀주는 저 붉은 태양太陽을 찬양한다
　(시 「구름들 - 人生」 중 일부)

이 시는 자유로운 영혼으로서 흘러가는 구름을 찬양하고 있다. 우원호 시인이 생각하기에 인간은 현실역사에서는 고통 받는 자이다. 그러나 이 시편에서는 인생이 긴 시간의 역사위에서는 구름같이 흘러가는 자유로

운 존재임을 말하고 있다. 시인의 마음에는 고통의 현실을 시의 이상으로 극복하고자 하는 밝은 낙관이 있다. 태양을 찬양하는 구름이되 "기나긴 나그네 길을 통해 방랑과 슬픔과 기쁨을 한껏 맛본 자"가 이해하는 인생의 신산을 겪은 구름이다.

필자는 그의 이런 시편들이 시의 신비와 아름다움을 통해 심오한 세계인식에 이르는 길을 안내한다고 생각한다.

아마도 우원호 시인의 시적 자산은 어릴 적의 순수함에 대한 동경이 아닐까 싶다. 정신분석학은 일어버린 낙원에 대한 향수는 어머니의 자궁-성서적인 비유로는 「에덴」에 대한 향수이다. 에덴에서 추방된 아담의 알레고리가 말하는 것은 인간의 삶은 고통스런 현실을 경작해서 살아야 하는 존재이나 언제나 꿈을 통해 에덴의 귀환을 추구하는 존재이다. 우원호 시인에게 그 수단은 이 시집에서 선보이는 시편들이고 그 중에도 심리적 원형의 기쁨을 드러낸 시편이 있다. 우원호 시인의 인생이 이 기쁨을 놓지 않고 시와 인생의 심연 혹은 시간이라는 폭풍의 심연을 건너기를 기원한다.

　　나의 유년시절 고향 어귀에서 하늘의 거울처럼 푸르렀던 연못!

　　수천 년 동안 조상들의 숱한 사연들과 전설들을 간직했던 그곳!

봄이 되면 과수원길 따라 복숭아꽃들 화사하게 피어나던 그곳!

 여름 되면 청초한 연꽃들이 이 세상의 그 어느 꽃들보다 아름답게 피어나던 그곳!

 초가을날 고추잠자리가 떼를 지어 푸른 하늘을 수놓았던 그곳!

 해가 지는 줄 모르고 동무들과 뛰어놀던 무릉도원武陵桃源 그곳!

 해마다 가을이면 청령들의 혼백魂魄들이 되살아나는 그곳!

 나의 기쁨이 잠자리의 날개를 빌려 눈감고 날아가는 그곳!

 눈을 뜨면 연못이 내 마음속의 고향임을 깨닫게 하는 그곳!
 (시 「옛살래비 長位洞의 연못」 전문)

■ 해설

온통 키스, 키스! 그러나, 본질은 진심으로 서로 사랑하라는 시詩의 아름답고 푸른 메시지

김왕노(시인, 웹진『시인광장』발행인 겸 편집인)

　키스의 기원은 그릇이 없던 시대, 어머니가 입으로 아기에게 물을 먹여준 데서 출발한다.
　우리가 강력하게 키스를 원한다면 그것은 영혼이 구순기에 머무르는 순수한 상태와 같고 모성애가 결핍된 상태와 같아 서로를 갈구하는 것이다. 그것은 몸과 몸이 만나 이르는 오르가슴이 있듯이 순수와 순수의 만남이고 영혼과 영혼이 만나 까마득한 오르가슴에 이르는 것과 같다. 키스를 하면 칼로리가 소모가 되고 면역력이 증진 되고 스트레스가 해소 되고 충치 예방이 되고 건강한 피부를 갖게 되고 수명이 연장되고 심장 건강이 좋아진다고 밝히고 있고 키스의 종류로 버드 키스, 립 키스, 딥 키스, 프렌치키스 등이 있을 뿐만이 아니라 이 외에도 키스는 매우 다양함을 알 수 있다.

이번 고희연을 앞두고서 우원호 시인이 새로 발간하는 그의 시 전집의 자서에서도 밝혔듯이 누구보다 대자연을 찬양하고 사랑하며, 자유와 평화 그리고 시와 문학을 사랑하는 실로 인간적인 삶을 살고 있는 이 시대의 진정한 휴머니스트인 그가 중학교에 재학 시절, 옆집으로 이사 와서 2년여간 살았었던 한 살 아래 여학생을 짝사랑한 것이 전부였던 그는 육군 장교 시절 정병육성의 요람지인 논산훈련소의 위병장교 때에 지금의 아내를 만나기 이전까지 그 어느 여인과도 손목 한 번 잡아보지 않던 그 누구보다 순수하고 정직했던 청년이며 백년가약을 맺고 지금까지 살아오는 동안 아내 이외에는 그 어느 여인과도 키스 경험 없었지만, 학창 시절 이후 평생 즐겨 보던 명작 소설들과 TV 드라마와 영화 등을 감상하며 느낀 감성들을 내면의 의식과 연결하는 방식으로 Kiss의 미학을 고차원의 예술로 승화시켜 연작시를 쓰게 되었음을 그 동기를 직접 밝혔지만, 결론부터 미리 말해 그의 의도대로 이번 시 전집의 연작시를 통해 우원호 시인이 그 모든 키스를 섭렵하게 해준다. 그는 장교 출신으로 1983년 전역 이후, 40년이 흐르도록 아직도 군인정신이 그대로 몸에 배어있으나 키스 연작시를 씀으로 강한 군인 정신과 키스라는 것이 만나 이질감을 극복 넘어 초월하고 있다. 각이 지고 절도 있는 생활과 부드러움의 상징인 키스로 강함을 더 강하게 부드러운 것을 더 부드럽게 만드는 우원호 시인의 그 시들에서 신선하고 묘한 매력과 마력을 동시에 느낄 수밖에 없다. 또한 열정적인 에너지와 감성 그리고 더욱 세련되고 아름다운 필치로 표현해낸 그의 이번 시 전집에 수록된 12편의 Kiss 연작시는 읽는 독자 모두에게 그야말로 고품격과 한 차원 더 승화된 Kiss의 매력과 더불어 진한 감동을 보너스로 선물한다.

군인과 키스! 말만 들어도 우리의 상상력은 극으로 치닫는다. 우원호 시인은 왜 키스에 집착할까? 병적인 것이 아니다. 젊었을 때는 뻔질나게 하였으나 시간이 흐를수록 키스에서 멀어지는 사람에게 키스할 때의 풍부해지는 감정을 회복하라며 숙달된 조교가 시범을 보이듯 키스의 정수를 시로 펼쳐 보인다. 키스의 메시아로 키스의 전도자로 몸소 키스를 시로 표현하여 실천하며 키스를 극찬하는 근본적인 이유는 키스를 통해 서로 진정으로 사람끼리 더욱 사랑하게 하고, 그로 인해 사람들의 몸과 정신을 더욱 건강하게 만들려고 하기 위함이다.

하여튼 우원호 시인의 키스는 종횡 무진한다. 세상은 키스의 세상이고 키스의 모든 것의 바로미터다. 키스가 갖추어야 할 조건과 키스의 새로운 장을 열고 키스의 영역을 넓혀간다. 남녀간에 있어 진정으로 사랑하는 사이라면 부부이든 연인이든 모든 사람들이 애정의 척도인 시링의 그 키스에 대해 방관자가 아니라 키스의 대열에 연합하도록 의식을 일깨운다.

키스로 인간에 융합하고 키스의 알레고리로 키스의

흥과 키스로 얻은 생명력에 대해 창조적인 생각을 시로 펼쳐 보이고 있다, 키스에 대한 나름대로 철학을 가지고 키스의 역기능이 아니라 키스의 순기능을 설파하고 있다. 키스를 매개로 인간이 인간에게 얼마나 다가서느냐 키스를 할 때 얻은 엔돌핀이 우리의 행복의 지수를 얼마나 높이느냐를 극명하게 보여준다. 끊임없이 키스에 대해 말하면서 키스에 대한 동의를 얻고 공감을 얻는다.

키스의 절대 가치, 키스의 본질이 사랑에 있음을 우원호 시인은 아울러 역설한다. 입술과 입술, 입술과 혀, 혀와 혀의 키스를 크게 나누어 어떤 자세 어느 장소 어떤 감정으로 하느냐에 따라 키스는 구분지어 질 수 있으나 키스는 사랑을 확인 하고 사랑을 나누는 것이 본질이다. 가장 오래된 키스이나 가장 새로운 키스론을 펼치는 우원호 시인의 키스를 훔쳐보기로 한다.

우원호 시인은 Kiss 1에서 사랑하는 사람끼리 주고받는 가장 달콤하고 황홀한 선물! 이라고 키스에 대한 정의를 내리고 있다. 키스의 역사는 인류의 역사와 함께 시작되었고 신마저 키스로 사랑을 표현했다는 것을 알 수 있다. 그리고 여기에서 주목해야 할 것은 황홀이다.

Kiss 1
- Kiss는 사랑하는 사람끼리 주고받는 가장 달콤하고 황홀한 선물!

에덴 동산에서 아담과 이브가 했던
인류 최초의 Ero*!
당신은 내 갈비뼈요 내 몸임을 서로 승인하는
사랑의 허가증
마피아처럼 더 이상 한 몸이 아님을 선언하는
마지막 키스도 있지만
여자가 아기를 낳고 자신의 분신을 들여다보는
나르시스의 키스도 있지
서로의 입과 입이 만나면
한 몸의 기운 넘쳐흐르네
아아! 그것은
아아! 그것은
사랑하는 사람끼리 주고받는
가장 달콤하고 황홀한 선물!

*Ero(eroticism): 그리스 신화의 사랑의 神 에로스에서 유래된 말로 남녀간의 사랑이나 관능적 사랑의 이미지를 의식적·무의식적으로 암시하는 경향. 또는 성애(性愛).

- 키스 1 전문

Kiss 2
- 에로스와 카오스 부부夫婦의 애정 어린 사랑과 키스

우주 속의 만물을 탄생하게 하고 그 모든 생명력을 관장하고,

그들을 지배하고 움직이게 하며, 그들의일생에 관여하고, 그들을 서로 결합하게 하고, 소멸하게 하는
사랑의 신神 에로스!
그를 통해 시간과 공간, 자연이 탄생한다

만물의 생산과 사랑을 관장하고, 또한, 변화와 창조의 에너지를 상징하며, 우주 만물이 이 우주에 존재하게 하는 생명과 삶을, 우주 만물의 창조와 질서를 책임지며
태고의 빛을 구현하는
존재의 신 카오스!

태고적부터 그들 부부의 애정어린 사랑의 키스는
모든 신과 인간들의 정신을 지배하며
모든 신과 인간들의 사랑하는 위대한 정령이며
혼돈 속에서도 질서를 낳는 힘의 원천!

올해에도 어김없이 그들 부부神의 사랑의 키스는
모든 신과 인간들의 정신을 지배하며
모든 신과 인간들의 사랑하는 위대한 정령이 되었으며
혼돈 속에서도 질서를 낳는 힘의 원천으로
한반도의 봄은 제주도의 마라도 남단에서
시작됐다

그 마라도의 들녘에서 살랑살랑 꽃바람이
물결치기 시작한다

꽃바람은 이내
나비들이 된다

나비들은 이내 모두 종달새가 되어 아름답게 지저귀며
푸른 하늘 위로 높이높이 날아오른다

종달새의 무리들은 이내 하늘 위를 자유로이 떠다니는
구름들이 된다

구름들이 모여
가랑비로 내려

춘삼월에 초록빛의 대지 위를 촉촉하게 적시면서
더욱 짙게 물들이며 이내 용천수가 되어 흘러 흘러
서귀포의 시내를 가로질러 사시사철 맑은 솜반천과
함께 흘러 흘러

절벽에서 세찬 옥수가 떨어지고 하늘과 땅이 만나는 그곳,
천하절경 천지연폭포에 다다르니
거대하고 우아하게 낙하하는 폭폭수로 흘러내려

이내 그곳, 깊고 깊은 천지연의 은어들로 변신하여 물속에서
활기차게 헤엄친다

이른 봄의 경치를 즐기려고 나온 상춘객들 눈 속에서
연못 속의 은어들은 이내 다시 화려하게 변신한다

낮과 밤이 거듭하며 아름답게 조화를 부리면서
산과 들엔 날마다 유채꽃들 샛노랗게 피어나고

진달래와 개나리와 벚꽃나무 꽃잎들로 피어나서
이내 꽃대궐을 이룬다

　이렇듯 봄은 바람의 신神, 노토스(Notos)가 살랑살랑 꽃바람을 일으키며 꽃바람은 이내 나비들로 변신하고,

　나비들은 이내 종달새로 변신하고, 구름들로 가랑비로 용천수로 폭포수로 은어들의 모습으로 변신한다

　은어들은 다시 대지 위에 아름다이 피어나는 유채꽃과 진달래와 개나리와 벚꽃나무 꽃잎들로 거듭하여 변신한다

　마치 유랑극단 마술사의 신비스런 마술처럼
오비디우스의 변신 이야기처럼

　서귀포의 마을마다
서귀포의 도시마다

　온통 봄의 신화로 들썩인다
온통 봄의 축제로 들썩인다

　이내 봄의 화신花信은 북상하는 꽃바람을 타고
이내 전국으로 급속도로 번지면서

　그리스 올림프스 산의 신화 속의
열두 신神들처럼

　봄은, 그리고..... 사람들은

화사하게 반짝이는 햇빛과
살랑살랑 유혹하는 바람의
소마(蘇摩)*주酒의 향香에 흠뻑 취해 대자연을 목청 높여 찬미하며
모두모두 눈이 부시도록 아름다운 봄의 향연을 향유하고
이 계절의 변신을 즐긴다

이내 온세상은 지상에서 천국으로 변하면서
세상의 사람들은 봄의 축제祝祭를 만끽한다
註) 소마: 인도에서 예로부터 제사에 쓰던 술로 병을 고쳐주고 수명을 연장해 주며 용기를 준다고 한다.

- 키스 2 전문

 Kiss 1에서 Kiss 12를 살펴보면 재미있는 사실을 발견하게 된다. 매혹적인 고혹적인 키스와 갖가지 키스를 통해 얻으려는 것은 황홀이고 황홀경이다. 교감이다. 하나로 육화되는 것이다. 시는 처음 키스의 기원에서 신화적인 향기가 휘날리는 키스로 교감으로 터치로 현실화 되어가며 사이보그 시대의 이야기를 하다가 키스의 권유형으로 시는 변한다.

Kiss 12
- 사랑의 전주곡

-전략(前略)-
키스는 사랑을 연주하는 전주곡!

그대들의 연인에게 지금

키스로! 그대들의 사랑의 뜨거운 입술을, 그대들의 연인들의 입술에 포개면서 황홀하고 로맨틱한 키스로

그대들의 연인에게 지금 어서
망설이지 말고 지금 어서

진심어린 그대들의 그 마음을, 열정적인 그대들의 그 사랑을 키스로 어서 고백해 보라

-후략(後略)-

결국 키스로 이르는 낙원, 키스의 유토피아를 지향하는 시인의 본심이 그대로 드러난다. 키스의 효용성을 말한다. 키스의 세상이 바로 우리가 꿈꾸는 세상이라는 것을 말한다. 키스는 만병통치약처럼 모든 것을 치유하고 키스란 몸의 행위를 통해 이르는 최고가치의 황홀에 이른다는 것을 우원호 시인은 끈질기게 역설한다.

KISS 3
- 프렌치 키스

Adam과 Eve가 에덴 동산에서 나누었던
인류 최초의 키스

서로의 입술과 입술을 마주대고

혀와 혀로 은밀하게 나눈

우주에서 가장 순수하고 아름다운 본능,
황홀하고 신비로운 환상의 교감

이토록 아름답고 평화로운 이 아침에

마치 광대무변한 시베리아 벌판 위를 뒤덮는 새하얀 은빛의 설원 위를 내달리는
샛파랗게 젊은 야생의 암수 한쌍의 순록의 무리가 되어

서로의 존재를 의식하며 처음에는 격하면서 과도하게
서로간의 혀로 서로간의 생의 환희를 교감하는

그러다가 결코 길지도 않고
짧지도 않은 순간이긴 해도

우주에서 가장 순수하고 아름다운 본능,
이 세상에서 최고의 사랑의 그 교감

때론 애절하고 때론 격렬하게
때론 황홀하고 때론 아름답게
불과 화약이
입맞추듯 타오르기에,
그토록 달콤한 꿀이
황홀한 그 맛에 감동하고 흠뻑 도취되어 버린

로미오와 줄리엣의 스토리와 시놉시스**가

황진이와 성춘향전을 연상시킬 만큼
너무나 진부하고 고전적인 면이
있음에도
희대의 역작으로 손꼽히는 것은
역시 문장마다 독자들을 압도하는
세상에서 가장 황홀하고 아름다운 사랑의 키스와
그들이 은밀하게 나누는 둘만의 밀어密語 때문

나폴레옹 보나파르트[Napoleon Bonaparte]*** 황제도 말하였지
「키스의 횟수와 농도는 사랑의 완성을 좌우한다」라고
아아!!
이 세상의 모든 연인戀人들이여!

진정 서로가 서로를 죽도록 사랑하는 사이라면
진정 서로가 서로에게 영원을 약속한 사이라면

나만의 사랑하는 그 연인을
나만의 은밀한 그 장소에서

유혹을 하세요 그리고
키스로 고백을 하세요

물론, 그런 분위기를 위해서는 -아드리느를 위한 발라드-와 같은 음악이 흐른다면
그야말로 금상첨화겠죠?

서로가 서로의 손을 잡고 블루스를 추듯

은밀하게 포옹하며

그야말로 부드러이 느껴지는 감촉으로
가벼이 입술과 입술을 교감하고

이어 서로 진한 애정을 담아 혀와 혀를
향기나는 캔디를 빨듯이

감미로운 솜사탕을 먹듯
매너있게 빨고, 또 부드러이 핥으면서

혀와 혀로
황홀하게

사랑의 대화를 나누세요

혀와 혀로
진지하게

사랑의 고백을 해보세요

매너있게, 진지하게
아름답게, 황홀하게

 *프렌치 키스(French kiss): 혀와 혀로 하는 농밀하고 진한 키스
 **작품의 주제, 기획의도, 줄거리),핵심 등장인물, 주요 설정, 배경을 짧게 요약한 기획서.
 ***나폴레옹 1세.

- 키스 3 전문

KISS 4
- 인사이드 키스*

1
나의 평생 배필이 되어줄 사랑하는 나의 반쪽,
그대는 지금 어디에 있나요?

굳은 사랑을 맹서하며 나와 결혼해줄 피앙세여!
그대는 지금 어디에 있나요?

Where are you now?
Where are you now?

운명처럼 인생의 동반자로 언젠가는 만나게될
그대를 매일매일 꿈꾸지만

그대 앞에 백마 탄 믿음지한 왕자의 모습으로
그대를 꿈속에서 만나지만

그건 단지 꿈일 뿐입니다
그건 아직 꿈일 뿐입니다

나의 평생 배필이 되어줄 사랑하는 나의 반쪽,
그대는 지금 어디에 있나요?

굳은 사랑을 맹서하며 나와 결혼해줄 피앙세여!
그대는 지금 어디에 있나요?

Where are you now?
Where are you now?

앞길이 구만 리 같은 젊은 나로서는
인생의 패배감과 좌절감이 아니라

구원받지 못한 굴욕적인 운명보다
아름다운 내 사랑을 택할 것이라오

Where are you now?
Where are you now?

2
지난밤 꿈속에서 나는 사랑하는 그대를 내 품안에 꼭 껴안 았다오 그리고 나는 용기내어 그대에게 사랑을 고백했소 그대는 내게 아주 달콤하고 농밀한 키스로 화답했소
  로테에게 퍼부었던 베르테르 키스보다
  데미안과 나누었던 싱크레어 키스보다

진지하고 황홀했던
잊지못할 키스였소

아아! 그것이 꿈이 아니라 生時생시라면 얼마나 좋았을까?

*달콤하고 농밀한 키스

- 인사이드 키스* 부분

Kiss 5
- Ecstasy Kiss

  아아! 아아! 세상에서 가장 아름다운 나의 연인이여! 나의 사랑이여!
  아아! 아아! 나의 아프로디테여! 나의 비너스여!

  모던 보이 이상과 금홍의 운명적인 사랑처럼
  칠월 칠석 견우와 직녀의 오작교의 만남처럼

  그대와의 사랑이 너무 애틋하여
  그대와의 만남이 너무 간절하여

  마법의 여신 이시스의 가호하에 그대와 나는
  세상에서 가장 다정스런 연인으로 변신하여

  날이면 날마다
  밤이면 밤마다

  삼백 하고도 예순 날을 하루같이
  불원천리(不遠千里) 마다 않고

  유리문이 온통 자청색의 사파이어 보석으로 화려하게 장식되어 있는
  둘만을 위한 천국行 전용 특급열차로 함께

그대의 나의 입술이 매일매일 만나는 그곳! 꿈속나라(夢中國)로 가서,
그곳에서 우린

천일을 하루처럼 매일매일
그곳에서 우린

플라토닉 사랑을 나눕니다
환상적인 밀회를 즐깁니다

우주 속의
저 달나라도, 그토록 무수히 아름답게 반짝이는 그 어느 별나라도

아마
우리 둘의 그곳보다 아름다운 곳은 아닙니다

플라톤이 말한 전설의 섬 아틀란시스에서의 삶도
도연명이 쓴 〈도화원기(桃花源記)〉속의 무릉도원(武陵桃源)의 이상향에서의 삶도
결국
우리들의 그곳보다 행복스런 삶은 아닙니다

무엇보다 우리들이 그곳, 천국[Paradise of Heaven]에서 날마다 밀회를 즐기며
너무나도 황홀하고 달콤했던 그 키스들의 추억!

누구라도 지상에서 체험해본 적이 없는 황홀경의 키스,
Ecstasy kiss!
- Kiss 5 Ecstasy Kiss 부분

KISS 6
- 브랑쿠시의 連作 〈키스〉

저기를 보세요!

풋풋하게 젊고 젊은 연인들의 마음을 새까맣게 불태우고, 남자들은 쿵쾅쿵쾅 여자들은 콩당콩당 심장이 뛰게 하며, 기대감 반과 설레임 반으로 자꾸만 두근두근 거려 밤새도록 잠 못들게 만드는 그런 첫사랑의 첫키스는 아닙니다
화가들이 그린 그림도 아닙니다

다시금 보세요!

그들은 떠난 님을 목놓아서 기다리는 망부석이 결코 아닙니다
그들은 산사 암벽에서 홀로 수도하는 돌부처도 더욱 아닙니다

루마니아 조각가 브랑쿠시 [BRANCUSI] 를 대표하는 연작 〈kiss〉라는 석상들의 주인공인 연인들은
거듭 말하지만 결코 그들은

혼자만의 외톨이가 아닙니다
혼자만의 수행자도 아닙니다

이 세상의 그 어떤 연인들도
이 세상의 그 어떤 부부들도

그들보다 다정하지 못합니다
그들보다 행복하지 못합니다

제아무리 어두운 컴컴한 밤이라고 할지라도
그들에겐 너무나도 익숙한 키스이죠

오늘이나 내일 지구에 종말이 온다고 해도
그들에겐 너무나도 황홀한 키스이죠

서로에게 세상에서 가장 아름다운 키스,
서로에게 가장 성스러운 키스이죠

- Kiss 6 -브랑쿠시의 連作 〈키스〉부분

Kiss 7
- 버드 키스(Bird Kiss)*

-전략(前略)-

1

이 세상에서 누구보다 나를 진심으로 흠모하는
나의 피앙새여! 나의 반쪽이여!

이 세상에서 누구보다 나를 진정으로 사랑하는
나의 연인이여! 나의 반쪽이여!

온누리를 환히 비춰주는 저 하늘의
바로 저 붉은 태양처럼

나의 마음 속에 태양으로 존재하는
나의 연인이여!

마치 티벳의 히말라야 설산의 높고 신비로운
산사에서 전해오는
싱잉볼의 맑고 청아한 종소리의 울림처럼
투명하고 아주 맑은

숲속 새소리의
공명(共鳴)이 고스란이 전해 오는

이토록 신성하고
이토록 아름다운

이 우주의
이 아침에

숲속에서 새들이 아름다이 지저귀고
온누리가 화창하게 개인 이 아침녘에

나는 연인에게 굿모닝(Good Morning)을
연신 다정스레 속삭이며

저 태양처럼 오늘따라 유난히도 밝게 빛나는
그대의 아름다운. 바로 그 두 눈 위와

저 태양처럼 오늘따라 유난히도 붉게 불타는
그대의 앵두처럼 빨간 그 두 입술 위에

새들처럼
다정하게

나는 이 아침에 고혹적인 키스를 하네
나는 이 아침에 환상적인 키스를 하네

이세상에서 누구보다 정말 진정으로 사랑하는
나의 연인이여! 나의 피앙세여!

-후략(後略)-

*버드 키스(Bird Kiss): 사랑하는 새들끼리 서로간에 부리를 맞대고 나누는 애정의 표현처럼 사랑하는 남녀간의 연인끼리 가볍게 주고받는 애정의 키스.

- Kiss 7-버드 키스(Bird Kiss) 부분

Kiss 8
- 크로스 키스*(Cross Kiss)

아아! 뜨겁게 뜨겁게 달궈진 쇳덩이의 열기처럼
아아! 뜨겁게 뜨겁게 사랑하는 연인들의 뜨거운·

그 열정적인 키스여!
그 격정적인 키스여!

보리스파스테르나크의 원작 속의 두 남녀 주인공
닥터 지바고와 라라와의

키스로 뜨겁고도 애절한
서로의 사랑을 확인하는

그 열정적인 키스여!
그 격정적인 키스여!

서로가 불타는 열기의
뜨거운 상태이긴 해도

두 사람의 입술은 맞물린 상태를 그대로
서로 유지한 채로

서로의 고개만 45 각도로 비스듬히
교차시켜

사랑하는 사이끼리 더욱 친밀하게

사랑하는 연인끼리 더욱 화끈하게

서로간의 애정과 사랑의 신뢰를
확인하는 Cross Kiss!

- 크로스 키스*(Cross Kiss) 부분

Kiss 9
- 햄버거 키스*(Hamburger Kiss)

별도의 조리 없이 반찬 걱정하지 않고
누구라도 쉽게 만들어 식사 대용으로

간편하게 먹을 수가 있는 현대인의 식단
홈메이드 패티 버거-

보드라운 빵 2개에
다진 수제 불고기 300그램
영영가가 매우 높은
채다 슬라이즈 치즈 2장
양송이버섯 5개
그리고 끝으로 베이컨 5장

이렇게 식욕 당기는 레시피를
두툼하게 토핑해서 만들 수도 있고

패스트푸드 음식점과

햄버거 전문점 또는 노천 카페에서

언제든지 어디서든
남녀노소 누구든지

식사 대용으로 사먹을 수도 있는
현대인의 이동식품

바쁜 현대인의 한끼를 책임지는
인스턴트 간편식품

KTX 열차처럼 초고속 시대를 살아가는
현대인들

그네들의 사랑 또한
인스턴트 러브

인스턴트 식품점서 또는 길거리의 카페에서
파는 햄버거로 허기를 채우듯

열정적인 젊은 남녀 연인끼리
서로 뜨겁게 사랑을 불태우며

　*햄버거 키스(Hamburger Kiss): 입술을 열고 상대방의 윗입술과 아래입술을
　자신의 입술 사이로 끼워 무는 키스.
　**고대 그리스의 철학자가 플라톤(Platon)이 말한〈Kiss〉에 대한 정의.

　　- 키스 9 햄버거 키스*(Hamburger Kiss) 부분

Kiss 10
- Kiss의 사랑학 개론

어찌하여 인생이란 이다지도 그리
어찌하여 인생이란 이다지도 그리

존 레논이 부른 불후의 명곡 〈Love〉의
그 황홀하고 감미로운 멜로디와 같이

어찌하여 인생이란 이다지도 그리
어찌하여 인생이란 이다지도 그리

황홀하고 아름다운 사랑의 연속인가?
날마다 두근대는 설레임의 연속인가?

그리하여 이 세상은 아름다운
사랑으로 가득 찬 천국인가?

어찌하여 인생이란 이다지도 그리
어찌하여 인생이란 이다지도 그리

디자이 오사무가 실패와 좌절을 거듭하는
무기력한 인간상을 그린 소설, 〈인간실격〉과도 깊이

어찌하여 인생이란 이다지도 그리
어찌하여 인생이란 이다지도 그리

어찌하여 인간들은 그다지도 이리
슬프고도 고된 실패의 연속인가?

또한 그런 인간들은 그다지도 이리
괴롭고도 힘든 좌절의 연속인가.

중략(中略)-

키스는 사랑을 연주하는 전주곡!
그대들의 연인에게 지금

키스로! 그대들의 사랑의 뜨거운 입술울, 그대들의 연인들의 입술에 포개면서 황홀하고 로맨틱한 키스로

- Kiss 10 -Kiss의 사랑학 개론 부분

Kiss 11
- 사이보그(Cyborg)*들의 과거와 현재 그리고 미래

인간들은 본디 아담과 이브의 후예지만
오늘날엔 로봇처럼 살아간다

오직 현재 그리고 미래만이 존재할 뿐,
사이보그 그들에겐 과거란 이제 없다

가타카(Gattaca)**의 사회에서 매일매일 로봇처럼
살아가는 그들, 도시 속의 마네킹들!

오감(五感) 자극하는 신비롭고 몽환적인
최첨단의 생체인식 자동차와

최고 속력 마하 0.94, 대략 시속 1,150km
기존 여객기보다 2배 이상 빠른 초음속 여객기와

최고 속도 600km/h를 주행하는
초고속 열차!

음속音速을 추월하는
광속光速의 시대에서

자신들의 존재조차 망각하고 혼돈 속에 이방인異邦人의
삶을 살아가는 .
도시 속의 마네킹들! 그들, 현대인의 삶이여!

그곳, 가타카(Gattaca)의 사회에서
최첨단最尖端의 자동차와
초고속超高速의 열차
그리고 나라간엔 초음속의 비행기로 신속하고 편리하게
이동하고,

서로서로 화상으로 통화하며
서로서로 아가페의 사랑보다

뇌는 분명히 인간인데, 사랑하는 남녀간에 매일매일
기계처럼 사랑하고 키스를 나누고 그리고 섹스하고

유전자의 조작으로
사이보그 인간으로 아이들이 태어난다

본디 아담과 이브의 후예들인
인간들은 이제

과연 사이보그인가?
과연 인간인가?

이제 매일매일 로봇처럼 살아가는
도시 속의 마네킹들

자신들의 존재조차 망각하고 혼돈하고 살아가는 그들!
도시 속의 마네킹들!

그들의, 현재와 미래의
사이보그(Cyborg)들의 삶이여!

※ 위의 시는 시집 『도시 속의 마네킹들』의 표제시를 변형.

  *사이보그(Cyborg): 생물과 기계 장치의 결합체. cybernetic과 organism의 합성어. 1960년 맨프레드 클라인즈와 네이션 클라인의 공저 《사이보그와 우주》를 통해 최초로 사용..
  **가타카(Gattaca): 앤드루 니콜이 감독하고 1997년에 만들어진 SF 영화. 에단 호크, 쥬드 로, 우마 서먼 등이 출연. 유전자 조작으로 태어난 사람들이 사회 상층부를 이루는 반면, 전통적인 부부관계로 태어난 사람들은 열등한 것으로 취급받아 사회 하층부로 밀려나는 디스

토피아적인 미래를 배경으로 함.

　　Kiss 11 - 사이보그(Cyborg)＊들의 과거와 현재 그리고 미래 전문

Kiss 12
- 사랑의 전주곡

　-전략(前略)-

　키스는 사랑을 연주하는 전주곡!
　그대들의 연인에게 지금

　키스로! 그대들의 사랑의 뜨거운 입술을, 그대들의 연인들의 입술에 포개면서 황홀하고 로맨틱한 키스로

　그대들의 연인에게 지금 어서
　망설이지 말고 지금 어서

　진심어린 그대들의 그 마음을, 열정적인 그대들의 그 사랑을
　키스로 어서 고백해 보라

　-후략(後略)-

　　Kiss 12 - 사랑의 전주곡 부분

Kiss 1에서 Kiss 12를 살펴보면 재미있는 사실을 발견하게 된다. 매혹적인 고혹적인 키스와 갖가지 키스를 통해 얻으려는 것은 황홀이고 황홀경이다. 교감이다. 하나로 육화되는 것이다. 시는 처음 키스의 기원에서 신화적인 향기가 휘날리는 키스로 교감으로 터치로 현실화 되어가며 사이보그 시대의 이야기를 하다가 키스의 권유형으로 시는 변한다.

지금까지 그의 시에서 나타난 황홀을 쫓다 보면 Kiss 1에서부터 Kiss 6 까지 황홀이 있고 Kiss 7, Kiss 8, Kiss 9에는 없고 Kiss 10에는 있고 Kiss 11에는 없고 Kiss 12에는 있다. 결국 키스는 황홀이다. 라고 단정 지을 수도 있다. Kiss 9에서 살짝 황홀의 정체가 환상적인 결합! 이상적인 감정! 신비로운 경험! 연인들의 축복! 이라고 밝히고 있다.

Kiss 7에서는 그는 육체적인 키스만 고집하는 것이 아니라 정신적인 키스로 키스에 대한 생각을 새롭게 환기시키기도 한다.

　나는 이 달밤에 플라토닉 키스를 하네
　나는 이 달밤에 환상적인 키스를 하네

우원호 시인과 키스라는 말만 들어도 신선함을 느낀다. 키스가 사랑을 단단히 담금질하고 무두질하는 도구

이므로 시로 보여준 갖가지 키스로 사랑을 하라는 외침이 시에서 들리는 것 같다.

　우리가 나이가 들면 가장 내팽개치기 쉬운 사랑을 다시 키스로 얻으라는 따뜻한 마음이 시의 철자마다 깃들어 있어 좋다. 외유내강의 그만이 할 수 있는 범접할 수 없는 창작의 열정이 시의 저변에 깔려 있다.

■ 시집 『도시 속의 마네킹들』 출간 연혁(沿革)

2015년 5월 26일 1쇄 1,000부 발행
2018년 6월 20일 2쇄 500부 발행(개정판)
2020년 7월 15일 3쇄 300부 발행(개정판)
2021년 8월 15일 4쇄 300부 발행(개정판)
2023년 4월 30일 5쇄 300부 발행(개정판)
2024년 5월 31일 6쇄 300부 발행(개정판)
2025년 6월 20일 7쇄 300부 발행(개정판)